böhlau

www.honeyandbunny.com

Sonja Stummerer & Martin Hablesreiter

wie wir essen

Tischkultur | Geschichte, Design, Klima

BÖHLAU VERLAG WIEN KÖLN

Bibliografische Information der Deutschen Nationalbibliothek:
Die Deutsche Nationalbibliothek verzeichnet diese Publikation
in der Deutschen Nationalbibliografie; detaillierte bibliografische Daten sind im Internet
über http://dnb.d-nb.de abrufbar.

Umschlagabbildung: Daisuke Akita / honey & bunny
Fotos: Ulrike Köb, Daisuke Akita, honey & bunny
Fotoassistenz: Malgorzata Götz, Ulrike Skofitsch
Grafische Gestaltung: honey & bunny
Schrift: Roland Stieger
Korrektorat: Philipp Rissel, Wien
Druck und Bindung: Finidr, Tschechische Republik
Gedruckt auf chlor- und säurefrei gebleichtem Papier
Printed in the EU

Vandenhoeck & Ruprecht Verlage | www.vandenhoeck-ruprecht-verlage.com

ISBN: 978-3-205-21380-2

Fotos von Ulrike Köb und Daisuke Akita

Ein Großteil der Fotos in diesem Buch entstand in Zusammenarbeit von Sonja Stummerer und Martin Hablesreiter (honey & bunny) mit der Wiener Fotografin Ulrike Köb und dem japanischen Fotografen Daisuke Akita. Die Konzepte und die Ausstattung stammen von Sonja Stummerer und Martin Hablesreiter, die oft selbst abgebildet sind. Ulrike Köb und Daisuke Akita haben die Motive fotografisch umgesetzt.

www.koeb.at
www.daisukeakita.com

Inhaltsverzeichnis

Einleitung

Einleitung

Essen ist die Voraussetzung für Leben. Ohne Nahrung kann ein Organismus seinen Stoffwechsel nicht aufrechterhalten, und er geht zugrunde. Beim Menschen kommt neben dieser rein physiologischen Funktion des Essens noch eine weitere Dimension hinzu: Die Nahrungsaufnahme ist ein wichtiger Teil unseres individuellen und sozialen Selbstverständnisses. Wie, wann und mit wem Menschen Essen in den Mund stecken, drückt eine Menge aus. Es offenbart die soziale und kulturelle Herkunft, den sozialen Status, das Alter, das Geschlecht, den Lebensstil und die politische Meinung der und des Essenden. Das Berühren von, das Riechen an und das Abbeißen, Aufsaugen, Schlürfen, Zermalmen und Schlucken von Nahrung ist ein zutiefst kultureller Akt. Beim Essen zeigt der Mensch, wer sie oder er ist! Denn die Art und Weise, wie wir essen, ist biologisch nicht zwingend vorgegeben, sondern erlernt.

Im Laufe der Geschichte haben Menschen die unterschiedlichsten Werkzeuge und Utensilien entwickelt, um Essen zu sich zu nehmen. Jede Kultur isst anders. Der „richtige" Umgang mit diesen Geräten muss erlernt werden. Nichts ist so einfach, als „falsch" zu essen.
Viele Esswerkzeuge sind für die eigentliche Nahrungsaufnahme nicht erforderlich. Sie erfüllen eine kulturelle Funktion.

Beim Essen umgeben wir uns bewusst mit bestimmten Gegenständen, Materialien und Farben, die uns in eine entspannte, appetitanregende Stimmung versetzen. Geschirr, Dekorationsobjekte, Lichtverhältnisse und Geräuschkulisse haben einen starken Einfluss darauf, ob uns das Essen schmeckt oder nicht. Der Teller kann ein geliebtes Erbstück, das Wasserglas eine Urlaubserinnerung, der Esstisch die erste gemeinsame Investition zweier Liebender sein. Die Objekte der Tafelkultur tragen aber nicht nur persönliche Botschaften in sich, sondern auch kulturelle. Als Kinder lernen wir, Alltagsgegenstände in einer bestimmten, sozial vorgegeben Weise zu benutzen und die Bedeutungen und Anweisungen, die in ihnen stecken, zu verstehen.

Möbel und Tischutensilien tragen nicht nur zu unserem Wohlbefinden oder Missfallen bei, sondern sie steuern auch unser Verhalten. Tisch und Stuhl geben die Körperhaltung während des Essens vor, Besteck, Teller und Gläser legen fest, mit welchen Handgriffen wir die Speisen zum Mund führen. Während uns Sitzmöbel und Tischplatten in unserer Position zur Gemeinschaft fixieren, definiert das Gedeck den Bewegungsspielraum des Oberkörpers.

Der natürliche Zwang zu essen wird in jeder Gesellschaft durch ein strenges System von Konventionen und Regeln eingeschränkt, die vorgeben, wie die Konsumation konkret vonstattenzugehen hat. Rigoros ordnen wir Gegenstände bestimmten Nutzungssphären zu und folgen – sei es aus Gewohnheit oder

Konformismus – recht widerspruchslos den dazugehörigen Gebrauchsanweisungen. Porzellantassen werden üblicherweise nicht zum Trinken von Wasser verwendet und Gabeln nicht zum Kämmen. Unter dem Tisch zu sitzen, Speisen auf dem Sessel abzustellen oder das Essen mit einer Zange in den Mund zu stecken kommt uns gar nicht in den Sinn. Essgeräte und der vordefinierte Umgang mit ihnen unterscheiden die Nahrungsaufnahme von anderen Alltagstätigkeiten. Sie ritualisieren das Essen.

Warum konnten sich im Laufe der vergangenen Jahrhunderte gewisse Gegenstände zum Gebrauch während des Essens durchsetzen und andere nicht? Wie entstand das Esszimmer und welche kulturellen Strömungen führten dazu, dass wir es mit Tisch, Stuhl und Kredenz einrichten und nicht mit anderen Objekten? Und warum tragen wir beim Essen enge, unbequeme Kleidung und nicht Schürzen oder Bademäntel?

Jede Kultur gestaltet die Esssituation auf ihre spezielle Weise, indem sie vorgibt welche Behälter, welche Werkzeuge, welche Möbel und welche Räume zum Essen verwendet werden (sollen), wie diese designt und wie sie zu benützen sind.

Der Vorgang des Essens wird auf unterschiedlichste Weise gestaltet:

- mit Werkzeugen und Utensilien, die wir benutzen, um das Essen auszuteilen, zu zerkleinern und zum Mund zu führen;
- mit Möbeln, die wir während des Essens benutzen, um die Nahrung abzustellen und eine bestimmte, für die Nahrungsaufnahme typische Körperhaltung einzunehmen;
- durch die Ausgestaltung von Räumen und Orten, die wir als Essumgebung akzeptieren sowie Vorgaben, welche Orte wir beim Essen besser meiden;
- durch Kleidungsstücke und Accessoires, die wir beim Essen tragen – oder nicht tragen (sollen);
- und durch einen Verhaltenskodex, wie all diese Umgebungen und Utensilien zu benutzen sind.

Kultur - auch die Esskultur - ist von Menschen gemacht und daher veränderbar. Im Rahmen der notwendigen Veränderung zu einer nachhaltigen Kultur muss auch der Verzehr von Essen überdacht und neu gestaltet werden.

Das vorliegende Buch beleuchtet den Vorgang des Essens in all seinen Facetten. Anhand von Erfindungen wie der Gabel, der Untertasse oder dem Esstisch dokumentiert das Buch, dass der scheinbar intime Moment des Essens in Wahrheit strikt vorgegebenen Verhaltensmustern folgt. Der Gebrauch einer Damastserviette, eines Fischmessers oder eines simplen Suppenlöffels zeigt, wer wir sind und woher wir kommen. Wenn wir unseren Kindern mühevoll das perfekte Handling von Messer und Gabel beibringen, so liefern wir ihnen die Grundprinzipien unserer Gesellschaftsordnung gleich mit. Mit der Tradition, jeden Gang einzeln zu servieren und die Teller danach sofort wieder abzuräumen, stellen wir zum Beispiel die herrschenden Hierarchien klar. In anderen Kulturen bleibt das benutzte Geschirr bis zum Ende des Essens am Tisch stehen, damit keiner den anderen bedienen muss.

Gestaltungsfragen rund um den Konsum von Nahrung prägen den Lebensstil ganzer Gesellschaften und sind auch in Hinblick auf eine nachhaltige Zukunft von zentraler Bedeutung. Warum essen wir genaus so, wie wir eben essen – und nicht anders? Warum gilt ein Essen dann als besonders elegant und

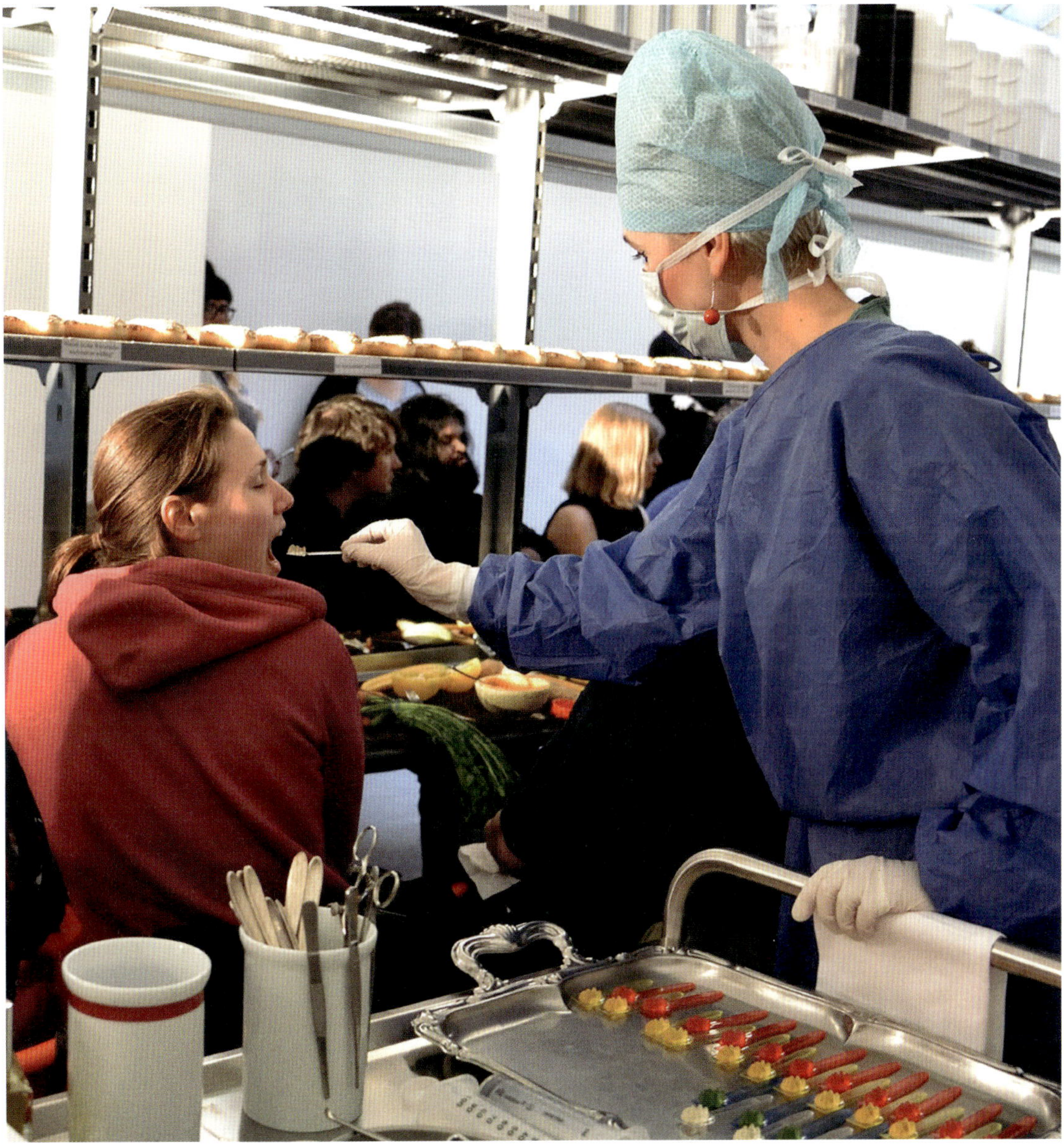

vornehm, wenn dabei möglichst viel Geschirr verbraucht wird? Und warum kopieren wir in unserem Essverhalten immer noch Tischsitten des Hochadels und orientieren uns nicht an anderen Werten – zum Beispiel an Gerechtigkeit, Ressourcenverbrauch oder Klimaschutz?

„Wie wir essen" erforscht die Kulturgeschichte der Nahrungsaufnahme. Das Buch beschreibt die Entstehung von Esswerkzeugen, Tischutensilien, Esszimmermobiliar und Kleidungsvorschriften und erklärt, wie Messer, Stuhl oder Selbstbedienungstresen nicht nur unser Verhalten steuern, sondern auch als politische Instrumente fungieren. Ausgehend von den historischen und sozialen Umständen, die zur Entwicklung des heutigen Essverhaltens geführt haben, stellt es zum Schluss die Frage, wie sich unsere Tischkultur verändern muss, um nachhaltig zu werden.

Die Gestaltung von Gegenständen und Räumen verrät BetrachterInnen sofort, wofür diese gemacht sind und wofür nicht. Es wäre völlig belanglos, ein Baby auf eine Metallplatte zu setzen, wäre diese nicht als Tablett erkennbar. Der Gegenstand Tablett und die Kleidung der abgebildeten Personen kann Assoziationen zu Kannibalismus wecken. Objekte tragen immer eine Botschaft in sich.

Werkzeuge

Werkzeuge –
Über den Sinn von Messern, Gabeln, Tellern, Stäbchen und anderen Essinstrumenten

Im Gegensatz zu allen anderen Lebewesen haben wir Menschen zahlreiche Gegenstände entwickelt, um unsere Nahrungsaufnahme zu gestalten. Nahezu jede Kultur verwendet Werkzeuge, Behältnisse und Textilien, um ihr Essen anzurichten und zu konsumieren. Diese Gerätschaften können die Kalorienzufuhr erleichtern, etwa indem sie den Verzehr von Heißem oder Flüssigem ermöglichen. Sie dienen aber auch dazu, das Essen durch immer wiederkehrende Abläufe zu ritualisieren. Essinstrumente – von der Gabel bis zum Weinkelch – betten die Nahrungsaufnahme sozial und religiös in unser Leben ein und verwandeln den Vorgang des Essens von einem naturgegebenen in einen kulturellen Akt.

Wie sich jemand konkret seine Nahrung einverleibt, ist eine Frage der Kultur, in der er oder sie aufgewachsen ist, und keine Folge individueller Vorlieben oder praktischer Erwägungen. In Ostasien isst man mit Stäbchen aus Schüsseln, in Indien traditionell mit den Fingern von Bananenblättern, in Europa mit stählernem Besteck von flachen Tellern – und all das keineswegs aus rationalen Überlegungen heraus, sondern als Ausdruck einer bestimmten Kultur. Die Weltbevölkerung unterteilt sich also nicht nur in Frauen und Männer oder in Menschen unterschiedlicher Hautfarbe, sondern auch in Gabel-, Stäbchen- und FingeresserInnen. Dass jede und jeder die eigene Konsumationsart als die einzig richtige verteidigt, und unter Umständen sogar auf die anderen Gruppen herabblickt, versteht sich von selbst. Denn stichhaltige Erklärungen, warum man seine Gerichte besser mit dem einen oder dem anderen Werkzeug zum Mund führen soll, existieren kaum. Ganz im Gegenteil: Die Ess-Utensilien, die sich im Laufe der Zeit in den unterschiedlichen Zivilisationen entwickelt haben, sind mit wenigen Ausnahmen ebenso wie ihre Handhabung kompliziert, teuer und im Grunde mühsam. Kinder benötigen Jahre, um den „richtigen" Umgang mit ihnen zu erlernen, wobei der Sinn dieser Gebrauchsvorschriften oft schwer zu durchschauen ist: „Viele dieser Regeln sind willkürlich, und genau diese Willkür erhöht ebenso wie das Stimmengewirr der widersprüchlichen Regeln die von der sozialen Distinktion erforderten Kompetenzen."[1]

Eine kleine Gartenschaufel und ein Kaffeelöffel haben jeweils eine Laffe und einen Stiel. Beide Gegenstände helfen dabei, lose Erde oder lose Zuckerkristalle von A nach B zu transportieren. Ohne Werkzeug ist das ziemlich schwierig. Gartenschaufel und Kaffeelöffel ähneln einander sehr, doch nur Kinder würden Löffel in der Sandkiste und Schauferl bei Tisch verwenden. Auch ein Skalpell und ein Steakmesser sind einander sehr ähnlich. Dennoch wird das Skalpell zum Operieren und das Steakmesser zum Essen verwendet und niemals umgekehrt.

Was und wie viel wir essen, hängt auch davon ab welche Werkzeuge wir dafür verwenden. Mit Messer und Gabel essen wir langsamer und daher weniger als mit einem Löffel oder mit den Fingern.

Gegenstände dominieren unseren Alltag, solche, die wir zum Essen benutzen, vielleicht noch intensiver als andere Objekte. Dennoch schenken wir ihnen vergleichsweise wenig Aufmerksamkeit und nehmen ihre Existenz, ihre Gestaltung und ihre Beschaffenheit als gegeben hin. Dabei beeinflussen sie unser Leben nachhaltig. Was, wie und wie viel wir essen, hängt nämlich auch davon ab, welche Werkzeuge wir dazu benutzen. Mit Messer und Gabel beispielsweise essen wir langsamer und daher weniger als mit einem Löffel oder mit den Fingern[2]. Diese Besteckteile verfolgen also eher die Aufgabe, das Essen zu erschweren, als es zu erleichtern. Die ursprüngliche Funktion der Gabel – als Teil des individuellen Gedecks – war noch eine andere: Aristokratische Damen wollten sich die Finger nicht beschmutzen, wenn sie klebrige Desserts oder dunkles Obst aßen[3].

Gabel, Messer oder Teller erfüllen bei Tisch Funktionen, die man auch anders, manchmal sogar besser bewerkstelligen könnte, wie wir aus den Tischsitten anderer Kulturen wissen. Was hat ihr Gebrauch also für einen Sinn?

Seit Ende des Dreißigjährigen Krieges gestalten und produzieren handwerkliche, später auch industrielle Schmieden Löffel, Messer und Gabel. Das Design dieser Gegenstände ändert sich laufend und ist jeweils Ausdruck von Zeitgeist, Mode und Speiseplan.
In der Wiener Silbermanufaktur Jarosinski und Vaugoin werden seit Generationen unzählige verschiedene Formen von Besteck hergestellt. Jedes Stück wird händisch geschmiedet, gefeilt und poliert.

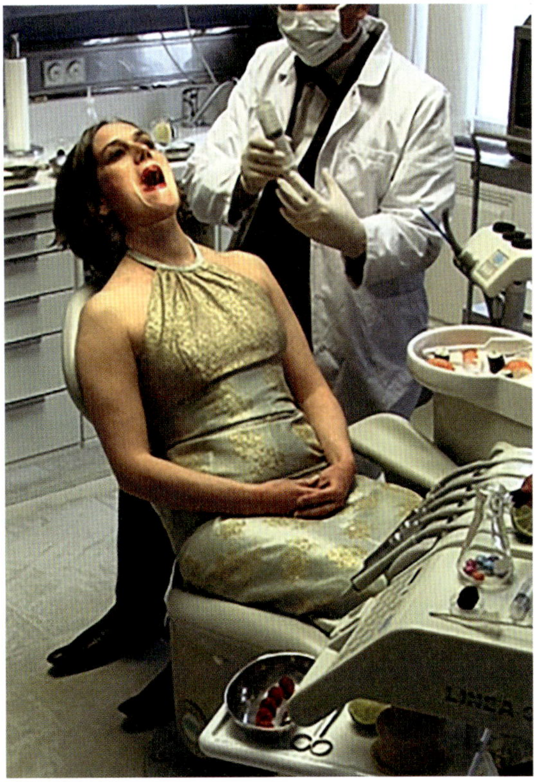

Bereits beim Anblick eines Gedecks erkennen wir, welche Art von Essen wir zu erwarten und wie wir uns zu benehmen haben, wie lange das Mahl zirka dauern wird und wie wir unsere MitesserInnen einschätzen können. Letztendlich hantieren Menschen bei Tisch ebenso mit Werkzeugen, wie in der Garage, im Garten oder im Operationssaal.

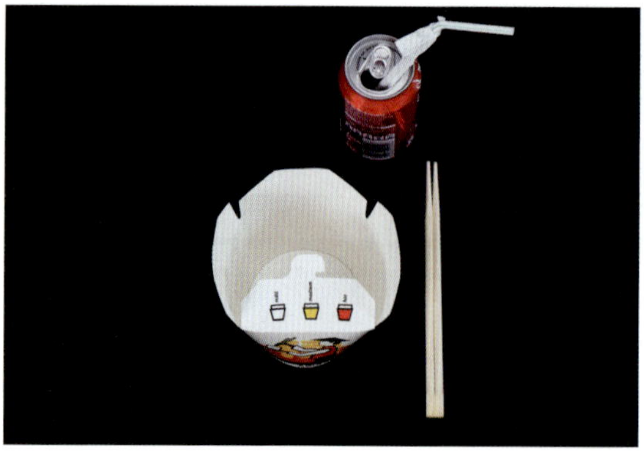

Warum löffeln wir Suppen aus Suppentassen, wenn wir sie ebenso gut daraus trinken könnten?

Gegenstände, die wir zum Essen gebrauchen, steuern unser Verhalten. Sie verwandeln das wilde, unkontrollierte „Fressen" in kontrollierte Abläufe mit immer gleichen Gesten. Während der Verzehr von Kartoffelchips aus der Packung oder eines Sandwiches direkt aus dem Papier für eine direkte, unkontrollierte Triebbefriedigung steht, wird die Nahrungsaufnahme durch Messer, Gabel oder Stäbchen ritualisiert. Gemeinsam mit der fix vorgegebenen Art ihres Gebrauchs zwängen sie die Kalorienzufuhr in ein Korsett immer gleicher Handlungsmuster.

Essbesteck fordert uns dazu auf, Speisen und Getränke in einem großteils vorgegebenen Bewegungsablauf zu uns zu nehmen und unser Verhalten einer Gruppe unterzuordnen. Sie sind nicht nur Hilfsmittel, sondern gleichzeitig auch Kontrollwerkzeuge, die das Essen in eine Zeremonie verwandeln, die wenig individuellen Handlungsspielraum zulässt und so gemeinschaftliche Identität erzeugt. Gerätschaften und die dazugehörigen Gebrauchsanweisungen sorgen für ein erwartbares Verhalten und schaffen dadurch emotionale Übereinstimmung in der Gruppe[4].

Betrachtet man das Essritual als eine kulturell stilisierte Reaktion auf die Umwelt, dann tragen die Esswerkzeuge dazu bei, dieses vorhersehbare Handeln herbeizuführen. Andere Gerätschaften würden vermutlich andere Verhaltensweisen nach sich ziehen. Umgekehrt hätten sich in einer anders strukturierten Gesellschaft vermutlich anders gestaltete Esswerkzeuge herauskristallisiert und durchgesetzt.

Die Wahl der Essinstrumente ist nicht nur eine Frage des Lebensstils, sondern auch eine der Weltanschauung. Jene Regeln, die die Handhabung der verschiedenen Esswerkzeuge minutiös vorschreiben, werden von breiten Teilen der Gesellschaft erstaunlich genau eingehalten. Sie werden vehement verteidigt und fast missionarisch an Folgegenerationen weitergegeben. Viele Menschen befolgen die ungeschriebenen Gesetze über den Gebrauch von Messern, Gabeln und Weingläsern deutlich konsequenter als rechtsverbindliche Vorschriften, wie die Straßenverkehrsordnung.

Innerhalb einer Gruppe schafft die Verwendung derselben Essinstrumente in derselben Weise internen Zusammenhalt – und schließt anders Essende gleichzeitig aus. Dabei genügen schon kleinste Unterschiede der angelernten Bewegungsabläufe, um auf Ablehnung zu stoßen. Die amerikanische Art zum Beispiel, Fleisch am Teller vorzuschneiden, anschließend die linke Hand unter dem Tisch aufs Knie zu legen und mit der Gabel in der rechten Hand zu essen, wird in Europa oft nicht goutiert. Auch wenn Reisende dazu bereit sind, sich an fremde Tischsitten anzupassen und etwa in Afrika mit den Fingern oder in China mit Stäbchen essen, so reicht diese Höflichkeit der Anpassung nicht so weit, in den USA die linke Hand unter den Tisch fallen zu lassen. Und das, obwohl viele AmerikanerInnen die europäische Art zu essen als aufgesetzt und gespreizt empfinden.

Das gemeinsame Essen ist ein Ritual voller Regeln und Erwartungen. Es ist ein Ausdruck von Hierarchie, Tradition, Patriarchat und politischer Einstellung. Nicht zuletzt deswegen ist es einfach, bei Tisch zu provozieren. Ein falscher Handgriff oder ein bisschen Sesselrücken genügt, um Andere aus der Fassung zu bringen. Das Kennen und Können von Tischmanieren dient aber auch der sozialen Abgrenzung und der Manifestation von Macht.

1 Kaufmann, 2006, S. 96

2 vgl. Wansink, 2008, S.61. u. S.76f.

3 vgl. Schmuttermeier, 1996, S.227

4 vgl. Sorgo, in: Brugger, Eipeldauer, 2010, S. 69

Vor der industriellen Massenproduktion war der Löffel ein sehr wertvoller Gebrauchsgegenstand. Wer das Glück hatte, zur Geburt einen silbernen Löffel geschenkt zu bekommen, verwendete diesen ein Leben lang und gab ihn am Sterbebett sprichwörtlich wieder ab.

Der Löffel

Das älteste, universellste – und bis heute unumstrittenste – Tafelgerät ist der Löffel. Er begleitet uns täglich, ein Leben lang bis zu jenem Augenblick, in dem wir ihn, eben den Löffel, wieder abgeben. Nach dem gestalterischen Vorbild der hohlen, zu einer Kelle geformten Hand dient er schon seit Jahrtausenden dazu, flüssige und breiige Nahrung zum Mund zu führen. Entwicklt haben sich Löffel vermutlich ähnlich wie die Essstäbchen aus einfachen, länglichen Holzstücken (das englische Wort „spoon" leitet sich von „span" (Holzspan) her)[1]. Bereits in der Altsteinzeit aß man mit handgeschnitzten Löffeln aus Knochen oder Horn. Im alten Ägypten war er ebenso in Verwendung, wie in den antiken Mittelmeerkulturen. Die RömerInnen benutzten kleine Löffel aus Holz, Knochen, Bronze oder Silber, um Eier, Schnecken oder Muscheln zu essen. Die spitzen Löffelstiele dienten dabei gleichzeitig als Spieß[2].

Ursprünglich waren Löffel keine simplen Gebrauchsgegenstände, sondern ein kostbarer Besitz, den man ständig bei sich trug. Bis in die Mitte des neunzehnten Jahrhunderts hinein waren Holzlöffel das wichtigste und oft auch das einzige Esswerkzeug. Löffel aus Metall dagegen waren alles andere als alltäglich, sondern Luxusgegenstände, die aufgrund ihres kostbaren Materials auch als Möglichkeit genutzt wurden, Vermögen wertbeständig anzulegen und handlich zu verwahren[3]. Zwar entstanden ab dem fünfzehnten Jahrhundert im Umfeld von Eisenerzvorkommen und Verhüttungsbetrieben einzelne Löffelmachereien, in denen Metalllöffel in größerer Stückzahl erzeugt wurden. Allerdings war das Schmieden eines Löffels aus einem ganzen Stück Rohmetall eine durchaus mühsame Prozedur, die die Tageskapazität eines Arbeiters auf etwa vierzig Stück beschränkte. Erst als man im frühen achtzehnten Jahrhundert begann, Löffel aus entsprechend zugeschnittenem Blech kalt zu formen, verdoppelte sich die Produktionsgeschwindigkeit. Die industrielle Revolution machte den Metalllöffel schließlich zum Massenprodukt, wie wir es heute kennen.

Im Laufe der Zeit mutierte das Universalgerät „Löffel" zum formalen und funktionalen Vorbild für eine Vielzahl von Tischwerkzeugen. Heute sind Löffel inflationär. Ein silberner Löffel ist kein wertvolles Patengeschenk mehr, das mehrere Leben lang Verwendung findet und vererbt, also im Todesfall weiter- und somit im wahrsten Sinne des Wortes abgegeben wird. Niemand

Von allen Esswerkzeugen ist der Löffel das intimste: Schon Babies wird ein Löffel mit Brei in den Mund gesteckt. Der Löffel ist oft auch das letzte Werkzeug im Leben eines Menschen. Damit ist dieses Werkzeug auch ein Symbol für Zuneigung und Fürsorge.

nennt heute einen einzelnen Löffel sein Eigen. Nicht nur werden sie in ganzen Sets verkauft, sondern wir besitzen auch viele, sehr unterschiedlich gestaltete Varianten davon. Suppen-, Dessert-, Tee- und Kaffeelöffel zählen in den meisten Haushalten heute zur Standardausrüstung. Je nachdem, ob wir eine Vorspeise, ein Hauptgericht, einen Nachtisch, einen Snack oder Fingerfood verzehren, verwenden wir einen anderen Typ von Löffel. Eltern füttern ihre Kinder mit bunten Kunststofflöffeln, Gourmets verzehren Eier oder Kaviar mit speziellen Hornlöffeln und Eisdielen servieren kleine, eckige Plastikkellen. „Bessere" Restaurants legen seit den 1960ern zum Hauptgang zusätzlich zu Messer und Gabel eigene Saucenlöffel vor. Durch sie wurde die Sauce ins Zentrum der kulinarischen Aufmerksamkeit gerückt und das Auslöffeln von Bratensäften bei Tisch in gehobenen Kreisen überhaupt erst gesellschaftsfähig[4].

Andere, früher gebräuchliche Löffelformen sind dagegen wieder verschwunden. Eine im 19. Jahrhundert beliebte Sonderausführung zum Beispiel war der sogenannte Bartlöffel. Durch eine eigene Schürze an der Laffe sollte er verhindern, dass Mann sich beim Essen den damals trendigen Schnurrbart beschmutzte[5]. Zu den Kuriositäten unter den Modeerscheinungen in Löffelform zählt auch der Fett-Mager-Saucenlöffel, der um 1900 en vogue war. Mit seiner Hilfe konnte man je nach Lust und Laune entweder von der einen Seite durch eine Art Schnabel mageren Bratensaft aus dem unteren Bereich der Laffe schlürfen, oder von der anderen Seite das oben schwimmende Fett[6].

Der Löffel ist ein Multifunktionsgerät, das nicht nur zum Schöpfen, sondern auch zum Servieren, zum Rühren, zum Zerteilen und als Maßeinheit genutzt wird. So dient beispielsweise der Kaffeelöffel zum Umrühren und Messen (zum Beispiel von Zucker), nicht aber dazu, den Kaffee aus der Tasse herauszulöffeln. Zudem ist der Löffel eines der ganz wenigen Speiseutensilien, die das Essen tatsächlich erleichtern. Kein Wunder also, dass der Löffel praktisch weltweit benutzt wird und seine Benutzung auch wenig durch Vorschriften oder Tischsitten – wie er zu verwenden sei oder wie nicht – eingeschränkt wird.

In all jenen Kulturen, die mit Messer und Gabel essen, ist der Löffel das einzige, ungefährliche Besteckteil bei Tisch und folglich das typische Kinderessinstrument. Ursprünglich stand der Löffel in Verbindung mit der Idee der Lebensspeise und symbolisierte ein langes Leben. Hochzeitslöffel, mit denen das Brautpaar gemeinsam aß, garantierten eine glückliche Ehe[7].

Heute versinnbildlicht der Löffel eher Schwäche. Denn er ist das Essgerät all jener, die eben nicht richtig essen können: von Babys, Alten, Kranken und Gebrechlichen. Einen Löffel zu verwenden, wo nicht unbedingt nötig, wird daher als unmännlich, unsexy und babyhaft empfunden.

Rein technisch betrachtet besteht ein Löffel immer aus zwei Teilen, dem Stiel und der Laffe. Das Wort „Laffe" bzw. „laffen" stammt aus dem Mittelhochdeutschen und bedeutet „Lippe", „schlürfen" oder „lecken". Die Gestaltung von Stiel und Laffe hat sich im Laufe der Zeit stark verändert. Bis ins sechzehnte Jahrhundert war die Laffe tiefer, kreisrund und mit einem dünnen, kurzen Stiel versehen, den man mit der ganzen Faust fest umfasste[8]. Die heute üblichen, breiteren und mit 24 bis 26 Zentimetern deutlich längeren Stiele verdanken wir vermutlich einem Modetrend der Renaissance. Um mit einer ausladenden Halskrause, wie man sie im sechzehnten Jahrhundert trug, mit dem Löffel zum Mund zu reichen, musste der Stiel einfach entsprechend lang sein[9].[10]

Ein weiterer Grund für die Verlängerung des Löffelstiels dürfte die zunehmende Verwendung des Esstischs gewesen sein. Wenn die Essenden um einen Tisch sitzen und aus einer gemeinsamen Brei- oder Suppenschüssel essen, müssen die Löffel lang genug sein, um in die Mitte zu reichen. Mit den längeren Stielen veränderte sich auch die Körperhaltung bei Tisch. Nunmehr wurde der Löffel „eleganter" zwischen Daumen, Zeige- und Mittelfinger geklemmt[11]. Zudem kann man mit langen Löffeln aufrecht sitzend essen und die Speisen über eine vergleichsweise große Distanz bis in den Mund balancieren. Hing man einst mit dem Gesicht mehr oder weniger direkt über der Schüssel, aus der man mit dem kurzen Löffel bequem und ziemlich unmittelbar in den Mund schaufeln konnte, so ist die unfallfreie Bewältigung der vergleichsweise langen Wegstecke vom Teller zum Mund heute eine Frage des guten Benehmens – und auch eine der Geschicklichkeit.

Weitere gestalterische Anpassungen praktischer Natur erfuhr der Löffel in der zweiten Hälfte des 20. Jahrhunderts. Zunächst wurden die Laffen verkleinert, um das Hantieren mit den schweren Metallgeräten zu erleichtern. Weiters wurden die Stiele wiederum verkürzt, und zwar auf 20 bis 22 Zentimeter, um eine geschmeidigere Armbewegung zu erreichen, bei der die Hand nicht so weit vom Körper entfernt gehalten und auch weniger stark verdreht werden muss, was beim Essen schlicht und einfach Muskelkraft spart. Schließlich wurde auch die Eiform der Laffe, deren Spitze früher nach vorne zeigte, um 180 Grad gedreht, sodass heute meist die Schmalseite an den Stil stößt. Die runde Vorderkante des Löffels fühlt sich nämlich beim Essen angenehmer an, weil sie sich ergonomisch besser an den Mundraum anpasst[12]. Wer Löffel von seiner Groß- oder Urgroßmutter geerbt hat, kann diesen Unterschied in der Gestaltung der Laffe, die bei alten Löffeln vorne spitz zuläuft, klar erkennen.

Die Geschichte des Löffels zeigt, wie unmittelbar Gegenstände unser Verhalten beeinflussen. Als simples Esswerkzeug hat der langstielige Löffel nicht nur unsere Körperhaltung bei der Nahrungszufuhr, sondern auch den Verhaltenskodex bei Tisch grundlegend verändert. Erst durch den langen Stiel konnte sich jener stilisierte Bewegungsablauf, der heute beim Essen für uns selbstverständlich ist, etablieren. Das Ritual des Essens, mit dem der Löffel und generell das Besteck untrennbar verbunden sind, ist natürlich mehr als nur die rein äußerliche Art, sein Essen zu sich zu nehmen. Es ist Ausdruck unserer Kultur und reflektiert die Werte und Anschauungen, die uns prägen. Die langen Stiele erlauben nicht nur, dass die Speisen am Tisch relativ lange Wege zurücklegen, sondern sie halten uns auch auf Distanz zu denselben und verhindern ein allzu schnelles und trieborientiertes Insichhineinfressen. Je größer und länger jene Werkzeuge sind, die wir zwischen unseren Körper und unsere Nahrung schieben (und das alles selbstverordnet), desto mehr zwingen wir uns auch dazu, die Nahrung zu reflektieren und sie nicht nur als reine Kalorienlieferanten wahrzunehmen. Das Besteck und sein Design bestimmt aber nicht nur unser Verhältnis zu den Speisen, sondern auch jenes zu den Mitessenden. Indem sie die aufrechte und damit eine von der Tischmitte weiter entfernte Haltung forcieren, schaffen die größeren Essinstrumente nämlich auch eine größere, körperliche Distanz zu den anderen Personen am Tisch.

Wie wichtig die kulturellen Verknüpfungen zwischen Esswerkzeug, Gestik und der entsprechenden, gesellschaftlichen Weltanschauung sind, zeigt der Umstand, dass wir an den stilisierten Essabläufen selbst dann noch festhalten, wenn sich die Rahmenbedingen ändern und sie funktional nicht mehr zwingend nötig sind. So prägt zum Beispiel die Sitte, gemeinsam aus einem Topf zu essen, unser Speiseverhalten bis zur Gegenwart, obwohl wir ja mittlerweile von individuellen Gedecken essen. Seit der Einführung des individuellen Gedecks spricht nämlich eigentlich kein logischer Grund mehr dafür, Suppe in Miniportionen mühevoll mit einem Löffel in den Mund zu schöpfen. Es wäre viel

Esswerkzeuge verfolgen nicht unbedingt nur praktische Zwecke, sondern sind auch Ausdruck einer gewissen Lebensweise. Während wir heute Konfekt ungeniert mit den Fingern essen, benutzte man im späten Mittelalter dazu einen Löffel.

einfacher, direkt aus der Suppentasse zu trinken, wodurch auch der Eigengeschmack des Metalls, den vor allem Personen, die nicht gewohnt sind, mit Metallbesteck zu essen, als sehr störend empfinden, wegfallen würde. Ohne zusätzliches Metallgerät verteilt sich das Essen zudem angenehmer im Mund, erreicht die Geschmackszellen direkter und schmeckt daher besser. Auch die logistischen Vorteile des Suppeessens ohne Löffel liegen auf der Hand: Denn Suppentasse plus Löffel ergibt doppelt so viele Gerätschaften, die aufgedeckt, abserviert, gewaschen und getrocknet werden müssen. Trotz all dieser praktischen Nachteile gebrauchen wir zum Essen von Suppe meist einen Löffel. Denn der Sinn des Löffels ist nun einmal nicht nur, das Essen zu erleichtern, sondern auch, den Kontakt zwischen Körper und Nahrung auf ein Minimum zu reduzieren. Esswerkzeuge verfolgen nicht unbedingt in erster Linie praktische Zwecke, sondern fungieren auch als Medium einer gewissen Ideologie. Und weil sich diese im Laufe der Zeit bekanntlich ändert, essen wir heute Konfekt ungeniert mit den Fingern, während man im späten Mittelalter dazu einen Löffel benutzte[13].

1 vgl. Morel, 2001, S. 65

2 vgl. Morel, 2001, S. 25

3 vgl. Marquardt, 1997, S.12–13

4 vgl. Morel, 2001, S. 146).

5 vgl. Hürlimann, Reininghaus, 1996, S. 238

6 vgl. Hürlimann, Reininghaus, 1996, S. 238

7 vgl. Hürlimann, Reininghaus, 1996, S. 230

8 vgl. Morel, 2001, S. 65

9 vgl. Morel, 2001, S. 65

10 Information von Dir. Grotkamp-Schepers, Klingenmuseum Solingen

11 vgl. Morel, 2001, S. 68

12 vgl. Bauer, 2007, S. 28

13 vgl. Döbler, 2000, S. 156

Die meisten Menschen essen mit den Fingern oder mit Stäbchen. Dafür werden alle Speisen bereits in der Küche vorgeschnitten. Im Gegensatz dazu benützen EuropäerInnen ein Messer bei Tisch, um das Essen auf ihrem Teller zu schneiden.

Das Messer – eine Waffe als Esswerkzeug

Messer zählen zu den wenigen Gegenständen, die alle Kulturen weltweit verwenden. Da Menschen im Gegensatz zu anderen Fleischfressern keine Reißzähne haben, benutzten sie bereits vor rund 1,5 Millionen Jahren keilartig zugespitzte Steine, um Fleischstücke von toten Tieren abzutrennen. Diese steinzeitlichen Faustkeile gehören zu den ältesten bekannten Werkzeugen überhaupt. Vor rund 4000 Jahren entstanden dann schrittweise auch Messer mit Klingen aus Bronze, Eisen oder Stahl. Seit jeher ist das Messer nicht nur eines der wichtigsten Arbeitsgeräte, sondern auch Waffe, Kultgegenstand, Kunstobjekt und Statussymbol, und diente zeitweise sogar als Zahlungsmittel. Als individuelles Esswerkzeug dagegen wird es erst seit rund 500 Jahren verwendet, und das auch nur in der westlich-europäischen Tradition[1].

EuropäerInnen essen mit einer Waffe in der Hand. Wir hantieren beim eigentlich friedlichen Speiseakt mit einem Werkzeug, das auch zum Töten verwendet werden könnte.

Das Tragen von Waffen ist bei Tisch eigentlich verboten. Dennoch liegen beim Essen tagtäglich Waffen vor uns. Ein mehrzackiger Spieß und eine blank polierte Klinge sind fixer Bestandteil unseres Speisezeremoniells. Zwar kennt jede Kultur das Messer als Schneidewerkzeug in der Küche, doch nur die westliche benutzt es auch tatsächlich bei Tisch, um Zutaten zu zerkleinern. Anderswo, etwa in asiatischen Ländern, wird es als barbarisch empfunden, beim Essen mit scharfen Stahlklingen zu hantieren. Auch in Europa diente das Messer ursprünglich nur zum Vorschneiden der Gerichte – sei es in der Küche, auf einer Anrichte oder am Tisch –, nicht aber zum eigentlichen Essen. Anschließend verzehrte man die zerkleinerten Happen, wie es noch heute vielerorts üblich ist, mit den Fingern.

Als Essgerät kam das Messer erstmals im antiken Rom um 90 vor Christus in Mode, eine Sitte, die später im Mittelalter (vielleicht der Sicherheit wegen) jedoch nicht fortgeführt wurde. Denn im Grunde sind Messer – ob als Hilfsmittel am Tisch oder in der Küche – Waffen und somit gefährliche Werkzeuge. Im Mittelalter war das Privileg, an der Tafel ein Messer zu benutzen, daher ausgewählten Personen vorbehalten. Ursprünglich stand es überhaupt nur dem Fürsten oder dem König zu, das Essen für seine Untergebenen aufzuschneiden. Er war der Herr der Klinge – und damit der Herr der Gewalt. Später entwickelte sich das Tranchieren zu einer hoch angesehenen Tätigkeit, die einen wichtigen Teil des Tischzeremoniells bildete und meist adeligen Würdenträgern zukam[2].

Smith&Wesson

Bis zur Einführung der Gabel, je nach Region zwischen dem 17. und dem 19. Jahrhundert wurde das Messer auch verwendet, um Essen aufzuspießen. Es war überhaupt nichts dabei, eine Messerspitze in den Mund zu stecken. Heute ist das unfein.

Die Tranchiermesser jener Zeit waren kunstvoll verzierte, imposante Instrumente, deren Größe und Gestaltung eher an Schwerter, Sägen, Hämmer und Beile erinnerte als an Besteck.

Die ersten Vorläufer des individuellen Tafelmessers waren verkleinerte Versionen dieser Tranchiermesser, die ab dem späten Mittelalter in beschränkter Stückzahl zum allgemeinen Gebrauch am Tisch aufgelegt wurden. Wer eines davon benutzte, säuberte es anschließend im Tischtuch und legte es für den nächsten oder die nächste zurück in die Tischmitte. Diese Vorlegemesser waren universelle Geräte, oft mit halbmondförmigen Klingen und einer Art Haken an der Spitze, sodass sie beim Essen auch als Spieße, Spachteln und Schaufeln dienten. Sie vereinigten quasi Messer, Gabel und Löffel in einem einzigen Instrument – denn gegessen wurde nach wie vor mit den Fingern[3].

Erst ab dem 15. Jahrhundert setzten sich kleine Tranchiermesser als individueller Gebrauchsgegenstand durch[4]. Das persönliche Besteck, das zuvor meist nur aus einem Löffel bestanden hatte, erweiterte sich nun um das Messer, dessen spitzes Ende vorläufig auch die Aufgabe der Gabel übernahm[5]. Um das Essen in der gemeinsamen Schüssel nicht mit den Fingern zu berühren,

diente die Messerspitze auch dazu, Stücke aufzuspießen und in den Mund zu stecken[6].

Die Einführung der Gabel zwischen dem 17. und dem 19. Jahrhundert veränderte auch die Verwendung und die Gestaltung von Messern. Seither gilt es als unfein, klein geschnittene Stücke mit dem Messer anstatt mit der Gabel in den Mund zu stecken. Die Gabel bewirkte eine Abrundung der Messerklingen, die nun ja keine Spitze mehr benötigten, um Fleischstücke aufzuspießen. Der Trend war allerdings nicht ganz neu, denn bereits ab dem 16. Jahrhundert hatten sich die Klingen erst in Italien, dann in Frankreich verbreitert, und die Messerspitzen wurden zunehmend runder, unter anderem als Folge eines Edikts von Kardinal Richelieu, das die Benutzung des Messers als Zahnstocher untersagte[7].

Das Messer als Ausdruck von Hierarchie

Seit seiner Erfindung ist der Gegenstand „Messer" durch die Art seiner Benutzung ein Ausdrucksmittel von Hierarchien – zwischen Mann und Frau einerseits, und zwischen Herrschenden und Untergebenen andererseits. Als Waffe, die es ja eigentlich ist, verleiht sein Gebrauch der männlichen Vormachtstellung bei Tisch wie im Leben Ausdruck. War der Umgang mit dem Messer bei Hof dem Herrscher und einigen Adeligen vorbehalten, so wurde in der bürgerlichen Welt der Familienvater zum Meister des Aufschneidens erkoren[8]. In konservativen Haushalten tranchiert nach wie vor der Mann, was die Frau zubereitet hat. Nach traditioneller Vorstellung darf die Frau nur Brot, jedoch keine anderen Gerichte schneiden.

Auch heute noch wird die Benutzung des Messers durch verschiedene Vorschriften stark eingeschränkt. Unzählige Verhaltensregeln bestimmen darüber, wie es am Tisch zu arrangieren und handzuhaben ist. Demnach darf Brot stets nur gebrochen und niemals geschnitten werden, ebenso wie Salat, der mit der Gabel gefaltet werden muss. Knödel oder Kartoffeln sollen ebenso wenig mit dem Messer zerteilt werden wie Fisch. Die Tischmanieren verbieten außerdem, das Messer in den Mund zu stecken, mit der Klinge in der Hand zu gestikulieren oder gar in Richtung von Mitessenden zu deuten. Im Gegensatz zum Universalgebrauch in früheren Jahrhunderten darf man das Messer heute weder als Spieß noch als Schaufelhilfe, sondern im Grunde nur noch zum eigentlichen Schneiden einsetzen.

In bürgerlichen Haushalten, schneidet traditionell ER auf, was SIE gekocht hat. Das Tranchiermesser ist ein Machtinstrument bei Tisch. Der Aufschneider kontrolliert die Verteilung der Nahrung und bestimmt die Größe und Qualität des Stücks, das jede oder jeder erhält.

Anders als bei Gabel und Löffel darf der Griff des Messers fest mit allen Fingern umfasst werden[9] – was auch nötig ist, um die entsprechende Kraft zum Zerteilen des Schneidgutes aufzubringen. Denn von den Faustkeilen der Urgeschichte bis zum heutigen Messer haben Schneidewerkzeuge eine starke gestalterische Veränderung erfahren. Vermutlich durch die Kombination desselben Werkzeuges als Schneide- und Stichwaffe hat unser heutiges Messer eine schmale längliche Form, die sich in einen ungefährlichen Griff (Heft) und eine scharfe Klinge unterteilt. Im Vergleich zum Faustkeil ist der Nachteil dieser modernen Form, dass die Kraft nun nicht mehr direkt von der Hand in Richtung Schneidgut einwirkt, sondern über den Umweg des Griffs. Da der zusätzliche Hebel den nötigen Kraftaufwand vergrößert, wäre es eigentlich energiesparender und daher einfacher, ein Steak oder eine Pizza beispielsweise mit einem Wiegemesser zu zerkleinern.

1 vgl. Marquardt, 1997, S. 18ff.
2 Hürlimann, Reininghaus, 1996, S. 233–234
3 Morel, 2001, S. 62
4 Hürlimann, Reininghaus, 1996, S. 230
5 Die Funktion der Gabel wurde auch vom Pfriem, dem Zahnstocher, erfüllt, der vor der Einführung der Gabel oft Teil des individuellen Bestecks war.
6 Morel, 2001, S. 64
7 Hürlimann, Reininghaus, 1996, S. 230
8 Hürlimann, Reininghaus, 1996, S. 233–234
9 Morel, 2001, S. 64

51

Die Gabel – eine Frage der Moral?

Eine Hochzeitsgesellschaft in Bangalore in Indien. Die Gäste essen verschiedene Gerichte mit den Fingern von Bananenblättern. Es erfordert Übung und Geschicklichkeit, um die flüssigen Curries mit der Hand in den Mund zu schaufeln.

Unter den klassischen Esswerkzeugen ist die Gabel mit Abstand das jüngste. Ägypter, Griechen, Ritter – sie alle aßen mit den Fingern. Die Römer benutzten zwar zweizinkige Spieße zum Tranchieren und Vorlegen, aßen ihre Gerichte aber vorgeschnitten und steckten sie (mit Ausnahme von kleinen Gabeln zum Essen von Schnecken) mit der Hand in den Mund[1]. Die Idee der Gabel als Essgerät stammt ursprünglich aus dem Orient, wo man sie benutzte, um klebrige Süßspeisen zu verzehren[2]. Im 11. Jahrhundert gelangten die kleinen, zweizinkigen Konfektgabeln über Byzanz nach Europa. In Italien ist ihre Verwendung erstmals in der Toskana und fast zeitgleich auch in Venedig belegt[3]. Danach dauerte es noch weitere 500 Jahre und mehr, bis sich die Gabel neben Löffel und Messer als fixer Bestandteil des Essbestecks etablierte.

Zunächst wurde die Gabel nur von einzelnen, italienischen Adelsdamen verwendet, die sich mit stark färbendem Obst wie Heidelbeeren die Finger nicht beschmutzen wollten. Breite Teile der Bevölkerung jedoch misstrauten der Gabel. Nördlich der Alpen benutzte man Gabeln nur in der Küche zur Manipulation heißer Speisen, die man nicht mit den Händen anfassen konnte, nicht jedoch zum Essen[4]. Vielerorts galt die Gabel als affektiertes und unsittliches Esswerkzeug. Erst im 15. Jahrhundert, rund 400 Jahre nach dem Erstimport, begann sich der Gebrauch von Gabeln in Italien langsam durchzusetzen[5].

Als Caterina von Medici 1533 den späteren französischen König Heinrich II. heiratete, brachte sie, wie so viele andere kulinarische Sitten, auch die Gabel mit nach Paris. Dort dürfte die Gabel auf recht fruchtbaren Boden gefallen sein, denn Ende des 16. Jahrhunderts führte ihr Sohn König Heinrich III. sie als offizielles Tischgerät am französischen Hof ein[6]. Und da Frankreich zu jener Zeit in Sachen Mode und Anstandsfragen maßgebend war, trat auch die Gabel von dort aus ihren Siegeszug in ganz Europa an – wenn auch sehr langsam. In anderen Ländern war die Benutzung von Gabeln um 1600 noch sehr ungewöhnlich, wie ein Zeitzeuge schildert: „Während ich einen saftigen Braten verzehrte, bemerkte ich vier Herren, die nicht ein einziges Mal das Fleisch mit den Fingern berührten. Sie führten Gabeln zum Mund und beugten sich tief über ihre Teller. Da ich keine Erfahrung besaß, wagte ich nicht, es ihnen nachzutun, und aß nur mit meinem Messer."[7]

Teufelsspieß versus Fünf-Finger-Gabel: ein moralischer Diskurs

Anfänglich hatten die GabelesserInnen keinen leichten Stand. Wer sie benutzte, wurde nicht nur bestaunt, sondern vor allem verlacht, verhöhnt, diffamiert und regelrecht von der Gesellschaft ausgeschlossen. Denn die modernen Essmanieren missfielen manchen einflussreichen Gesellschaftsgruppen, die wie so oft durch jegliche Art der Neuerung um Macht und Einfluss fürchteten. Die italienischen „Gabelschwinger" wurden als unmoralisch und affig verspottet und die von Gott geschaffene „Fünf-Finger-Gabel" als das einzig adäquate Speisewerkzeug gepriesen[8]. Die Kirche verdammte das fortschrittliche Essgerät als Teufelsspieß, klassifizierte seine Verwendung als Sünde und ließ es in Klöstern lange Zeit ausdrücklich verbieten. Kleriker orteten eine „sündhafte Verweichlichung"[9] und beklagten lautstark den Niedergang der Tischsitten durch das Essen mit der Gabel.[10] Selbst Martin Luther warnte vor der Gabel[11].

Die Gabel erhitzte die Gemüter (und das mehrere Jahrhunderte lang), was beweist, dass Gegenstände keineswegs harmlose, unschuldige Gebrauchswerkzeuge sind, sondern auch Mittel zum Zweck. Umso mehr die einen gegen den moralischen Verfall durch die Gabel wetterten, desto geeigneter schien sie anderen als Werkzeug der sozialen Distinktion. Denn im 17. Jahrhundert galten Gabeln als ungewöhnlich und kostbar. Wer sie verwendete oder Gästen servierte, war nicht nur wohlhabend, sondern auch progressiv und frönte einem gewissen Hang zum Luxus[12]. Am anderen Ende des gesellschaftlichen Spektrums dagegen warnten – vielleicht gerade deswegen – konservative Tischregeln eindringlich davor, die Natur, die uns fünf Finger an jeder Hand geschenkt hat, nicht mit jenen dummen Instrumenten zu beleidigen, die eher zum Aufladen von Heu als von Essen geeignet seien[13].

Ob es ähnliche, sittliche Grundsatzdiskussionen auch bei der Einführung des Löffels gegeben hat, ist nicht überliefert, aber durchaus denkbar. Die Wahl des Bestecks ist eben keine Frage von Effizienz, Ökonomie oder Funktion, sondern eine der Kultur, und wird gerne über die Moral, den Anstand oder den Geschmack argumentiert: Um 1640 witzelte der hessische Geheimrat Johann Michael Moscherosch, die italienische Torheit, Salat mit der Gabel zu essen, verderbe dessen Geschmack: „Wie kann mir der Salat wohlschmecken, wenn ich ihn nicht mit den Fingern ess'? Wenn du die Hände gewaschen hast, was scheust du dich, den Salat ordentlich anzugreifen?"[14] Ähnlich emotional diskutierte man Ende des 20. Jahrhunderts über Fastfood, Essen im Stehen, im Gehen oder vor dem Fernseher. Die vorgetragenen Argumente sind dabei oft erstaunlich ähnlich. Wenn es heute als Ausdruck schlechter Manieren gilt, Salat mit den Fingern zu essen, so argumentierte die Kirche vor 500 Jahren noch genau umgekehrt: Sie verurteilte die Gabel mit der Begründung, „nur die Finger seien würdig, die Gaben des Schöpfers zu berühren"[15].

Trotz aller Ressentiments hat sich die Gabel schließlich durchgesetzt, allerdings langsam und schrittweise ab dem 17. und 18. Jahrhundert, in manchen Regionen und Schichten auch deutlich später. Am Wiener Kaiserhof wurde das Essen mit Gabeln im Jahr 1651 unter Kaiser Ferdinand III. eingeführt[16]. Die Verwendung der Gabel veränderte auch den Gebrauch der anderen Speisewerkzeuge sowie die Zusammenstellung des Besteckset insgesamt. So büßte der Pfriem (Zahnstocher) seinen Platz als fixer Bestandteil des Mundzeugs ein, denn zerkleinerte Stücke wurden jetzt nicht mehr mit dem Zahnstocher (oder der Messerspitze), sondern neuerdings mit der Gabel in den Mund gesteckt[17].

Heute sind Gabeln kein Aufreger mehr, sondern ein ganz normales Alltagsprodukt, das uns ständig umgibt. Formal und funktional hat sich die Gabel im Laufe ihrer Geschichte stark verändert. Ursprünglich war sie ein eher martialisches Instrument, das mit zwei langen, geraden Spitzen stark an Spieße erinnerte. Das heutige Design mit den vier leicht nach oben gebogenen Zinken und der schaufelartigen „Ladefläche" stammt aus dem

18. Jahrhundert[18]. Auch die Aufgaben der Gabel haben sich gewandelt. Von der Antike bis in die Gegenwart entwickelte sie sich vom monströsen Tranchierbesteck für Fleisch und Braten hin zum zierlichen, individuellen Tischgerät, mit dem man das Essen zum Mund führt.

Sporks und Splayds – moderne Hybride

Auch heute ist die Gestalt der Gabel kein zeitloses Fixum, sondern ein Ausgangspunkt ständiger Veränderungen und Anpassungen. Zu den jüngeren Innovationen zählt etwa der Göffel oder Spork[19], eine Kombination aus Löffel und Gabel. Göffel haben meist die Grundform eines Löffels, der an der Vorderkante mit verkürzten Gabelzinken versehen ist. Die sogenannte Splayd, ein vom Australier William McArthur in den 1940er-Jahren entwickelter Spork, besitzt zusätzlich auch noch scharfe Seitenkanten, die sich zum Schneiden weicher Gerichte eignen. Die Idee, mehrere Besteckssorten in einem Instrument zu kombinieren, ist allerdings nicht neu. Aus Nürnberg ist bereits um 1600 eine Klappgabel aus vergoldetem Silber mit einer aufsteckbaren Löffellaffe und einem Zahnstocher im Stiel bekannt[20]. Im 19. Jahrhundert entwickelte der deutsche Konstrukteur Christian Leberecht Schnabel (1878–1936) unterschiedliche Besteckhybride, für die man ihn jedoch verlachte. Heute sind Göffel beliebte Einwegbestecke, oft in Plastik ausgeführt und für den Konsum von Fertigsuppen, Currys oder anderem halbflüssigen Fastfood gedacht.

1 Morel, 2001, S. 69
2 Hürlimann, Reininghaus, 1996, S. 227
3 Morel, 2001, S. 68
4 Morel, 2001, S. 68–69
5 Morel, 2001, S. 68
6 Paczensky, Dünnebier, 1999, S. 318
7 Döbler, 2002, S. 157
8 Döbler, 2000, S. 157
9 Paczensky, Dünnebier, 1999, S. 318ff.
10 Hürlimann, Reininghaus, 1996, S. 227
11 Hürlimann, Reininghaus, 1996, S. 231
12 Morel, 2001, S. 73
13 Weiss, 2005
14 Döbler, 2002, S. 157
15 Morel, 2001, S. 68
16 Braudel, 1985, S. 215
17 Morel, 2001, S. 72
18 Morel, 2001, S. 68–69
19 vgl. engl. spoon und fork
20 Morel, 2001, S. 70

Über mehrere Jahrhunderte hinweg erhitzte die Frage, ob es schicklich oder unschicklich sei, mit der Gabel zu essen die Gemüter. Die Kirche verdammte das Essgerät als Teufelsspieß, erklärte seine Verwendung zur Sünde und ließ es in Klöstern ausdrücklich verbieten. Man beklagte den Niedergang der Tischsitten und argumentierte, dass einzig die Finger dazu würdig sein, das Essen, die Gabe Gottes zu berühren. Auch Martin Luther warnte vor der Gabel.

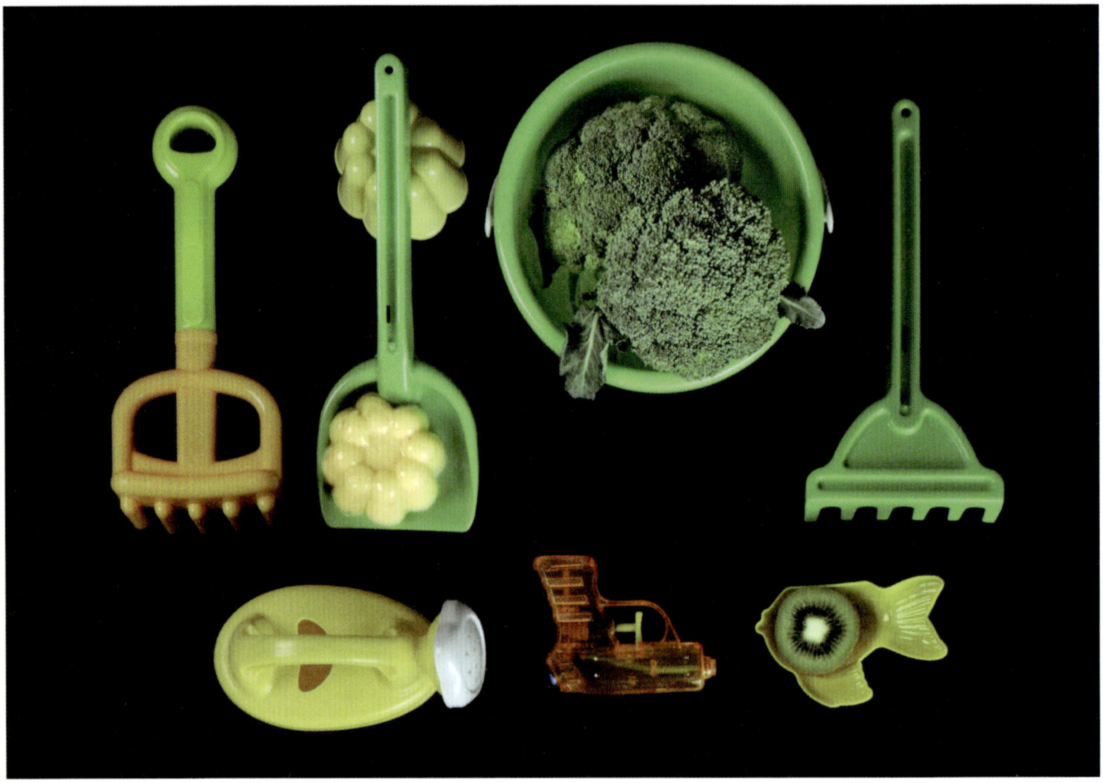

Besteckset –
Vom besteckten Futteral zur Besteckvielfalt

Vor der industriellen Herstellung von Besteck waren Messer, Löffel, später auch Gabeln wertvolle Besitztümer, die man ständig mit sich trug. Das Wort „Besteck" bezeichnete ursprünglich nicht die Geräte selbst, sondern jenes Futteral, das mit den individuellen (Ess-)Werkzeugen „besteckt" war. Oft wurde das Besteck als Köcher am Gürtel, an der Schürze oder von Männern auch in der Scheide der Waffe getragen und galt je nach Ausführung als persönliches Statussymbol. Das Besteck bildete neben Hut oder Gürtel einen Teil der Kleidung (nicht des Tischequipments) und war, ähnlich wie heute das Handy, ein ständiger Begleiter direkt am Körper[1].

Ein ästhetisches Ideal westlicher Kulturen ist das Set, bestehend aus einzelnen Teilen, die hinsichtlich Form, Material und Funktion aufeinander abgestimmt sind. In Europa besteht ein Set traditionell aus 6 oder 12 oder 24 Teilen. Fehlt ein Löffel oder ein Weinglas, ist das Set unvollständig und damit von deutlich geringerem Wert.

Liegendes Tischgerät

Den entscheidenden Entwicklungsschritt – weg vom persönlichen Accessoire hin zur Haushaltsausstattung – erfuhr das Besteck im Barock. Bei höfischen Gesellschaften kam die Sitte auf, den Gästen leihweise, also nur für die Dauer einer Mahlzeit, Speisewerkzeug zur Verfügung zu stellen. Für alle Geladenen wurde nun sogenanntes „liegendes Tischgerät" – im Gegensatz zu den persönlichen Mundzeugen, die man mit sich trug – aufgelegt. Langsam, aber stetig verschwand damit die Notwendigkeit, Messer und Gabel als Besitzgegenstände ständig mit sich zu führen. Auch der repräsentative Zweck von Esswerkzeugen veränderte sich. War bisher der Besitzer oder die Besitzerin des kunstvollsten Messers der „Star" bei Tisch gewesen, so konnte nun die gastgebende Familie mit einer besonders aufwendigen und wertvollen Besteckausstattung punkten. Ganze Vermögen verschwanden im viel zitierten Familiensilber.

Das „liegende" Besteck brachte eine starke Ver-änderung der Tischkultur mit sich. Die Tafeln waren im Vergleich zu den spärlich mit Gerätschaften bedeckten Tischen des Mittelalters und der Renaissance plötzlich recht voll. Zusätzliche Dekorationen, wie aufwendige Tischaufbauten, traten in den Hintergrund. Dafür wurden im Zuge einer generellen Ästhetisierung des Essens im 18. Jahrhundert sämtliche Tischutensilien vereinheitlicht und gestalterisch aufeinander abgestimmt. Seither passen nicht nur Messer, Gabel und Löffel eines Gedecks in Größe, Material und Design zusammen, sondern

Die Vielfalt an unterschiedlichen Besteckteilen hängt auch mit der Erfindung der Schusswaffen zusammen. Als diese aufkamen, verlegten sich viele ehemalige Waffenschmiede auf die Produktion von Essbesteck. Als die Erstausstattung der Haushalte mit Messern, Gabeln und Löffeln beendet war, entwickelte man immer neue Besteckarten, um die Produktion aufrecht zu erhalten.

auch zu allen anderen Besteckteilen der gleichen Tafel[2]. Das Besteckset mit jeweils sechs, zwölf oder vierundzwanzig gleichen Teilen entstand und wurde im Laufe der Zeit immer wieder um weitere, gestalterisch abgestimmte Stücke (zum Beispiel Vorspeisen- und Dessertgabeln, Kaffeelöffel et cetera) erweitert.

Die Vielfalt der Esswerkzeuge

Die Vielfalt an Essgeräten, die in Europa zum Einsatz kommen, ist im Grunde mehr als erstaunlich. In Asien genügen für den Konsum jeglicher Speise zwei simple Holzstäbchen. Auch in Europa nahm man Nahrung jahrhundertelang – wenn überhaupt – nur mithilfe eines Messers zu sich. Selbst der französische König Ludwig XIV. aß noch mit drei Fingern, was durchaus als höfisch galt, und er soll sein Geflügelragout besonders geschickt auf diese Weise verzehrt haben. Die Gabel lehnte er strikt ab und verbat sie auch seinen Prinzen[3]. Die Idee, das Messer bei Tisch mit einem anderen Werkzeug zu kombinieren, entstand erst vor rund 200 Jahren, wobei die Schwankungsbreiten je nach Schicht und Umfeld sehr groß sind. Ein genaues Einführungsdatum des dreiteiligen Bestecksets lässt sich daher nicht festlegen. In weiten Teilen der europäischen Ober- und Mittelschicht wurde es überhaupt erst im Laufe des 19. Jahrhunderts üblich, die Gabel nicht nur beim Schneiden, sondern auch während des ganzen Essens in der linken Hand zu halten.

Die Entstehung des dreiteiligen Bestecksets mit Messer, Gabel und Löffel in all seinen Varianten, wie sie für uns heute ganz selbstverständlich sind, hängt auch mit der Erfindung der Schusswaffen zusammen[4]. Jahrtausendelang waren Messerschmiede auf die Herstellung von Waffen, nicht von Tafelgerät spezialisiert. Ganze Ortschaften, wie das deutsche Solingen oder das syrische Damaskus, lebten vom Ruf der dort geschmiedeten Schwerter, Degen und Dolche. Als Schusswaffen aufkamen und das Hieben und Stechen als Kampftechnik verdrängten, gingen viele Waffenschmieden bankrott. Andere verlegten sich auf die Herstellung von Besteck. Bis heute sind Solinger Stahlwaren ein Synonym für gute Messer, Klingen und Schneidegeräte.

Im 18. und 19. Jahrhundert, als es galt, die bürgerlichen Haushalte mit den – teils neuartigen – Tischgeräten auszurüsten, versprach die Erzeugung von Messern, Gabeln und Löffeln ein gutes Geschäft. Als die Erstausstattung beendet war, versuchte man die Nachfrage mit der Erfindung neuer Besteckarten weiter

anzukurbeln. Während sich das Besteckset im 18. Jahrhundert noch auf die wesentlichen Teile beschränkte und selbst das persönliche „Mundzeug" des Kaisers nur aus Messer, Löffel, Markzieher, einer zweizinkigen und einer vierzinkigen Gabel bestand, etablierte sich im Bürgertum des 19. Jahrhunderts die Mode, für viele Speisen ein spezielles Werkzeug zu benutzen. So erfuhr der Basisbestecksatz Messer, Gabel und Löffel unzählige, oft wenig funktionale Erweiterungen[5]. Erfindungen wie das Fischbesteck, der Knochenhalter, der Dessert- und der Fett-Mager-Saucenlöffel stammen aus dieser Zeit.

Ein traditionelles japanisches Kaiseki-Essen bietet ein sinnliches Gesamterlebnis, das den Gast für einige Stunden aus dem Alltag entführen und in eine (poetische) Stimmung im Einklang mit den Jahreszeiten, der Natur und dem Leben insgesamt versetzen soll. Die Tradition, mehrere Gänge kleiner Häppchen auf Tatamimatten sitzend einzunehmen, blickt auf eine lange, fast tausendjährige Geschichte zurück. Ursprünglich wurde Kaiseki von buddhistischen Fastenmönchen entwickelt, wobei das Schriftzeichen „Kai" für Bauch und „Seki" für Stein steht. Um die Konzentration während religiöser Zeremonien und Meditationen zu stärken, aßen die Mönche nur geringste Mengen vegetarischer Speisen und legten sich anschließend heiße Steine auf den Bauch, um das Hungergefühl besser ertragen zu können.

Dass die europäische Besteckvielfalt vom Austern-messer bis zur Hummerzange funktional nicht erforderlich ist, zeigt der Minimalismus des asiatischen Gedecks. Ein einziges, schlicht geformtes Essgerät wird paarweise verwendet und nur in seltenen Fällen durch einen Löffel ergänzt. Suppe wird aus Schüsseln getrunken. In Ostasien steht den immer gleichen Esswerkzeugen, den Stäbchen, dafür eine breite Palette an unterschiedlichen Schüsseln und Platten gegenüber. Während in der europäischen Tischkultur ein besonders elegantes und aufwendiges Essen durch eine besonders große Anzahl von Besteckteilen gekennzeichnet wird, beweist man in Japan Stil und Geschmack bei Tisch mit der Auswahl der Schüsseln, in denen die Speisen aufgetragen werden. Die unterschiedlichen Designs der oft kunstvollen Schalen entsprechen dem Anlass und der Saison, und sind mit passenden Motiven und Gedichten verziert. Kirschblüten, Herbstblumen und Sinnsprüche auf dem Geschirr sind zudem auf das Menü, die Raumdekoration und im besten Fall auf die Kimonos der GastgeberInnen abgestimmt.

Westliche Kulturen verfügen über eine große Vielfalt an Esswerkzeugen aus Metall. Während es für verschiedene Gerichte unterschiedliche Besteckarten gibt, werden fast alle Speisen auf Tellern serviert, die im Grunde alle sehr ähnlich gestaltet sind. In Ostasien ist das umgekehrt. In China oder Japan reicht ein Paar einfache Holzstäbchen für ein ganzes Essen aus. Den Schüsseln und Platten hingegen wird große Aufmerksamkeit geschenkt. Ihre Gestaltung ist Teil des Tischgesprächs, das Töpfern als Kunsthandwerk hoch angesehen.

1 Hürlimann, Reininghaus, 1996, S. 233

2 Hürlimann, Reininghaus, 1996, S. 230–231

3 Paczensky, Dünnebier, 1999, S. 318ff. und Hürlimann, Reininghaus, 1996, S. 227

4 Morel, 2001, S. 72

5 Morel, 2001, S. 146

Essgeschirr

„Die Schüssel als räumlicher Mittelpunkt, auf den sich der Ablauf der Handlung bei Tisch konzentriert, steht in der Nachfolge von Feuerstelle und Esstisch."[1]

Schon die Menschen der Steinzeit benutzten Gefäße, die zur Aufnahme von Speisen und Getränken dienten. In der Jungsteinzeit wurden Schüsseln und Becher aus Stein, Holz und Ton verwendet. Auch bronzene Gefäße sind bereits aus vorgeschichtlicher Zeit bekannt. Das Essgeschirr verfolgte zunächst praktische Zwecke, denn es ist einfacher, einen Brei mit der hohlen Hand aus einem Gefäß vor der Brust zu schöpfen als aus dem Kochtopf über dem Feuer. Essbehältnisse vereinfachten auch die Verteilung der Nahrung, die nun eine höhergestellte, als gerecht angesehene Person übernehmen konnte. Von Beginn an erfüllten Schüsseln und Schalen auch soziale Aufgaben, indem sie als Mittel zur Herstellung von Hierarchie und Ordnung dienten. Wenn aus einem Topf in der Mitte gegessen wird, ist der Zugang zur Nahrungsquelle für alle Beteiligten gleich. Essgeschirr dagegen ermöglicht die Aufteilung der Gerichte in qualitativ und quantitativ unterschiedliche Portionen.

Das individuelle Gedeck, wie wir es heute kennen, tauchte allerdings erst Jahrtausende später auf. Erasmus von Rotterdam, einer der ersten Autoren sogenannter „Tischzuchten" (Benimmregeln), schrieb noch im 16. Jahrhundert, dass sich jeweils zwei Personen eine Speiseunterlage und ein Trinkgefäß teilten. Dabei handelte es sich keineswegs um Porzellanteller. Gebranntes Porzellan wurde zwar schon im 6. oder 7. Jahrhundert in China erfunden, doch man konnte sowohl die Grundstoffe als auch das Verfahren geheim halten. Also mussten die EuropäerInnen mit Holz, Metall oder Brot Vorlieb nehmen[2].

Jede Art von handlicher, sauberer und abwaschbarer Unterlage eignet sich im Prinzip als Essgeschirr. Mitunter ist das Geschirr selbst auch essbar, wie zum Beispiel Pizza, Pitabrot oder Kuchenboden.

1 Morel, 2001, S. 39

2 vgl. Hürlimann, Reininghaus, 1996, S. 228

Oben: Zwei Männer in Indien bereiten auf einem Markt Bananenblätter als Einwegteller vor.
Mitte: Keramikgeschäft in Tokyo.
Unten: Geschäft in Indien für mehrteilige Lunchboxen aus Edelstahl, sogenannte Dabbas.

Der Teller

In manchen Regionen Indiens wird bis heute vielfach von Bananenblättern gegessen, die vor dem Gebrauch mit Wasser abgespühlt werden.
Links: Vorbereitung für eine Ausspeisung in einem Tempel in Tamil Nadu.
Rechts: Hochzeitsessen in der südindischen Stadt Bangalore.

Das räumliche, symbolische und gustatorische Zentrum eines Gedecks ist der Teller. Auf und mit ihm präsentieren sich das Können, die Großzügigkeit, der Geschmack und die Wertschätzung des Gastgebers oder der Gastgeberin gegenüber den Essenden. Die Geschichte der individuellen Speiseunterlage in Europa ist vergleichsweise jung. Bis ins späte Mittelalter aßen alle TeilnehmerInnen eines Mahles aus einer gemeinsamen Schüssel oder Pfanne, eine Sitte, die sich in bäuerlichen Kreisen bis ins 20. Jahrhundert hinein erhielt. Selbst an Fürstenhöfen wurde aus gemeinschaftlichen Schüsseln oder einfach nur aus den Kochtöpfen gegessen.

Als Übergangsmedium zwischen der gemeinsamen Schüssel und dem „eigenen" Essen dienten zunächst dicke, rechteckige oder runde Brotscheiben, die den Saft aufsogen und das Tischtuch vor Flecken schützen sollten[1]. Nach dem Mahl verzehrte man die Brote gerne als „Dessert", oder man verteilte sie an die Armen, die draußen schon darauf warteten. Später legte man runde, ovale oder rechteckige Holzbrettchen, die anfangs noch mit Brotscheiben kombiniert wurden, als Essunterlage auf. Sie wurden ab dem 13. Jahrhundert zunehmend auch als „Teller" bezeichnet[2]. Im 14. Jahrhundert entstand der flache Holzteller, um 1500 tauchten in der städtischen Oberschicht neben Holztellern erstmals auch Metallteller auf[3]. Die ersten Teller waren einfache flache Scheiben. Erst mit der Zeit erhielten sie immer

aufwendiger gestaltete, nach oben gewölbte Ränder und die Vertiefung in der Mitte. Letztere erweiterte den Einsatzbereich enorm, da nun auch halbflüssige Gerichte und Breie auf Tellern serviert werden konnten. Nach und nach verdrängte der Teller das bis dahin wichtigste Gefäß beim Essen: die Essschüssel. Heute eher aus asiatischen Ländern bekannt, bildete sie auch in Europa jahrhundertelang einen fixen Bestandteil der Tafel[4].

Die Übergangsphasen zwischen den einzelnen Unterlagen von Broten über Brettchen bis hin zu flachen und gewölbten Tellern waren offenbar lang und variantenreich, sodass sich Teller je nach Region und Schicht zu sehr unterschiedlichen Zeitpunkten durchsetzten. Manchen Quellen zufolge breiteten sich Holzteller selbst in der Oberschicht erst im Laufe des 16. Jahrhunderts aus[5]. Damals entstand auch der tiefe Teller[6]. Die zögerliche Verbreitung des Tellers dürfte nicht nur mit den Anschaffungskosten zu tun gehabt haben, sondern auch mit den damaligen Tischsitten. Die Schüssel in der Tischmitte, aus der alle gemeinsam löffelten, fungierte nämlich auch als kommunikatives und soziales Zentrum, auf das man ungern verzichten wollte. Berichte, wonach Kinder, die nicht zur gemeinsamen Schüssel in der Mitte reichten, eigene kleine Teller erhielten, beweisen, dass man das Speisegeschirr auch freiwillig miteinander teilte und nicht etwa der mangelnden Ausstattung wegen[7]. Man kann sich das vielleicht so wie heute beim Fondue vorstellen[8].

Heute umfasst das Standardrepertoire eines gutbürgerlichen Haushaltes in Mitteleuropa Suppenteller, flache Teller für

Hauptgerichte, Dessertteller und gegebenenfalls Platz- oder Fischteller, in Summe gut und gern 100 Stück. Die Größe des jeweils gewählten Tellers unterstützt dabei die Dramaturgie eines mehrgängigen Essens. Von Vorspeise zu Vorspeise werden die Teller immer größer, bis ihr Umfang nach dem als Höhepunkt erachteten Fleischgang wieder abnimmt.

Das Gedeck als Revier

Auch wenn der Teller einige Zeit benötigte, um sich zu behaupten, seine Wirkung war fulminant. Denn die individuelle Speiseablage ließ das Gedeck entstehen und veränderte das Verhalten bei Tisch nachhaltig. Brotscheiben, Brettchen und Teller boten den Essenden erstmals ein persönliches Territorium, um ihr Eigentum – die zugeteilte Portion – auf dem Weg von der Gemeinschaftsspeise hin zum Mund zwischenzulagern.

Als es ab der Renaissance nach und nach Sitte wurde, für jeden Esser und jede Esserin einen eigenen Teller oder ein eigenes Brettchen bereitzustellen, verbesserte das nicht nur die Hygiene[9]. Das individuelle Gedeck führte auch zu einer körperlichen Abgrenzung von den TischnachbarInnen, indem es sowohl die körperliche als auch die verbale Kommunikation zwischen den TischnachbarInnen reduzierte, die notgedrungen stattfinden muss, wenn man sich Schüsseln und Becher teilt. Durch den eigenen Teller erhielten alle Essenden einen gewissen Abschnitt des Tisches zugewiesen, den zu überschreiten bis heute als äußerst unhöflich empfunden wird.

Nicht zufällig fällt die Entwicklung des Gedecks in die Renaissance, als sich der und die Einzelne immer stärker von der Gruppe zu individualisieren begannen. Die unsichtbaren Grenzen des Gedecks halten die Essenden zueinander auf Distanz und beschränken den zwischenmenschlichen Dialog weitgehend auf die Sprache. Es gilt, die Mitessenden nicht zu berühren, sondern die Ellbogen möglichst eng an den Rumpf zu drücken und niemanden mit der eigenen Körperlichkeit – sei es optisch oder geruchsmäßig– zu belästigen. Mit dem Arm quer über den Tisch zu langen, um an irgendwelche Schüsseln oder Getränke zu kommen, oder im Gespräch mit ausladenden Gesten vor der Nase des Nachbarn oder der Nachbarin herumzufuchteln, ist bis heute ein absolutes Tabu geblieben.

Als soziales Instrument schützt das Gedeck nicht nur vor fremden Keimen, sondern auch unsere Privatsphäre. Wie durch unsichtbare Schnüre abgeteilt, steckt es am Esstisch unser Revier ab, wobei jedes Eindringen von außen als schlimmer Fauxpas gewertet wird. Messer, Gabel, Gläser und Tischkante bilden die Grundfläche eines intimen Luftraums, dessen Verletzung als quasi körperlicher Angriff gedeutet und nur im engsten Familienkreis überhaupt geduldet wird.

Das Gedeck als Raumteiler bestimmt die Größe der persönlichen Esszone. Bei offiziellen Diners misst diese gerade einmal 60 Zentimeter Breite. Im Gegensatz dazu suggerieren große Platzteller und vier, fünf oder sechs Besteckpaare daneben nicht nur ein mehrgängiges, kostspieliges Menü, sondern auch den Luxus, Platz zu haben. Der Platzteller erfüllt keinen anderen Zweck, als das Essrevier zu vergrößern.

Mehrgeteilte Kantinenteller, die zusätzliches Geschirr wie Salatschüsseln oder Beilagenteller einsparen und den persönliche Esssektor so auf ein absolutes Minimum reduzieren, gelten dagegen als Inbegriff des billigen und schnellen Essens. In Mensen, Skihütten oder Ausspeisungen stellt entsprechendes Geschirr sicher, dass die Gäste so dicht gedrängt wie möglich essen. Demselben Zweck dienen auch die Tabletts in Selbstbedienungsrestaurants:

Eine Schüssel muss nicht unbedingt für Essen gemacht sein, selbst wenn sie aus demselben Material besteht, das man üblicherweise für Essen nutzt. Der Gebrauch eines Objekts hängt immer vom jeweiligen kulturellen Hintergrund ab. Menschen wissen sehr genau, wie und wozu sie einzelne Gegenstände (zum Beispiel Suppen-, Wasch- oder Kloschüsseln) verwenden sollen, und wozu nicht.

Grundsätzlich eignen sich Holz, Metall, Edelmetall und Ton, um darauf Essen zu servieren. Allerdings sind Holz und Ton nicht ewig halt- und schlecht reinigbar. Metall korrodiert und es ist ein starker Wärmerleiter. Als portugiesische und spanische Seefahrer damit begannen, chinesisches Porzellan zu importieren, entwickelte sich Essgeschirr aus Porzellan schnell zu einer der wertvollsten und gefragtesten Handelswaren. In China wird seit Jahrtausenden das hitzebeständige, wasserdichte, nicht leitende, langlebige und obendrein strahlend weiße Porzellan als Essgeschirr verwendet. Bis heute konnte kein adäquater Ersatz für dieses perfekte Material gefunden werden.

Mann an Mann auf den Tisch geschlichtet, sind sie das Maß aller Dinge, wenn es um die Größe der persönlichen Ellbogenfreiheit während des Essens geht. Und dieser Spielraum kann im Extremfall sogar die Menüauswahl bestimmen: Denn was auf dem Tablett keinen Platz mehr findet, kann eben auch nicht gegessen werden.

Die Materialfrage

Ursprünglich waren Teller aus Holz, Ton, Zinn und im Einzelfall aus kostbaren Edelmetallen wie Silber oder Gold[10]. Im Laufe des 16. Jahrhunderts veränderten spanische und portugiesische Seefahrer die höfische Tafelkultur nachhaltig, indem sie chinesisches Porzellan nach Europa verschifften. Das hitzebeständige und völlig geschmacksneutrale Geschirr entwickelte sich zu einer der teuersten Handelswaren überhaupt. Da dem Westen das Know-how zur Herstellung fehlte und beim Transport per Schiff naturgemäß einiges zu Bruch ging, war Porzellan rar und umso begehrter. Erst mit der Gründung einer europäischen Porzellanmanufaktur in Meißen 1710 fielen die Preise. Nach und nach gelang es, immer kostengünstigeres Porzellan für ein immer breiteres Publikum herzustellen[11]. Heute ist der Keramikteller die wichtigste Essunterlage der europäischen Esskultur, selbst Fertiggerichte für die Zubereitung im Mikrowellenherd werden in Kunststofftassen verpackt, die Porzellanteller nachahmen.

Keramik ist heute das Material für Tischutensilien. Versuche, es durch ein anderes, bruchfestes oder billigeres Material zu ersetzten, waren bislang wenig erfolgreich. Essgeschirr aus Melamin, das der amerikanische Designer Russel Wright 1953 entwickelte, verkaufte sich vor allem in Amerika sehr gut, konnte sich aber gegenüber Keramik letztlich nicht behaupten, obwohl es funktional in mancher Hinsicht überlegen ist. Für die Nahrungsaufnahme außerhalb der eigenen vier Wände – sei es beim Militär, beim Campieren oder beim Picknicken – kommen aber sehr wohl Teller aus anderen Materialien zur Verwendung. Abseits des Esstisches etablierte sich im Laufe des 20. Jahrhunderts Geschirr aus Kunststoff, Metall und Papier.

Der Pappteller wurde bereits 1867 von Hermann Henschel im deutschen Luckenwalde erfunden, kam aber erst ab den 1930er-Jahren, als man zur Verköstigung der Arbeiterschaft in Nordamerika auf Einweggeschirr umstellte, großflächig zum

Ein Fahrradbote in Tokio bringt Gerichte aus einem Restaurant zu seinen Kunden. Um Essen möglichst einfach von A nach B transportieren zu können, wurden im Laufe der Zeit spezielle Geschirrtypen, wie der Henkelmann, die Dabbas oder das Tupperware, entwickelt.

Einsatz. 1948 fand Wegwerfgeschirr erstmals in der Gastronomie Verwendung, namentlich bei McDonald's. Eigentlich gedacht, um den finanziellen Aufwand von Reinigung, Bruch und Diebstahl von herkömmlichem Geschirr zu reduzieren, eröffnete es der Hamburgerkette gleichzeitig ein neues Geschäftsmodell mit bahnbrechendem Erfolg: die Möglichkeit, Speisen aus dem Restaurant mit nach Hause zu nehmen.

Der Henkelmann, ein zusammensteckbarer und tragbarer Geschirrsatz aus Metall, galt während der 1950er- und 1960er-Jahre als unverzichtbares Zubehör für IndustriearbeiterInnen. Mittags ließ man sich das mitgebrachte Essen in der Firmenkantine aufwärmen. In Indien sind sogenannte „Dabbas", mehrteilige, runde Metallboxen, bis heute ein überaus beliebtes Mehrweggeschirr. „Dabbawalas", spezielle ZustellerInnen, verteilen täglich in Mumbai einige Hunderttausend Mittagessen in derartigen Dosen[12]. Auch in Europa erleben transportable, wiederverwendbare Geschirrsätze aus unterschiedlichen Materialen eine Renaissance.

1 Morel, 2001, S. 34
2 Hürlimann, Reininghaus, 1996, S. 228
3 Morel, 2001, S. 35
4 Morel, 2001, S. 38
5 Morel, 2001, S. 35
6 Hürlimann, Reininghaus, 1996, S. 228
7 Morel, 2001, S. 40
8 Auf Seminaren oder Geschäftsessen wird heute manchmal bewusst zu Kasnocken oder anderen Gerichten, die man gemeinsam aus einem Gefäß isst, eingeladen, um das Eis unter den KollegInnen zu brechen und Gemeinschaftsgefühl zu erzeugen.
9 Wobei die Vorstellung von Hygiene immer eine relative ist: Heute essen wir zwar nicht mehr aus einer gemeinsamen Schüssel, verwenden aber zusammen mit allen anderen BesucherInnen eines Restaurants dasselbe Besteck und dieselben Gläser. Zwar gehen wir davon aus, dass diese dazwischen gewaschen werden, ob und wie das genau passiert, davon überzeugen wir uns aber selten persönlich. In Restaurants, Kantinen oder bei FreundInnen nehmen wir bedenkenlos Metallstücke in den Mund, die einen Geschirrspülerwaschgang vorher von völlig fremden Menschen abgeschleckt wurden.
10 Hürlimann, Reininghaus, 1996, S. 228
11 vgl. Morel, 2001, S. 96f
12 vgl. „Das perfekte Chaos: Mit den Dabbawalas unterwegs in Mumbai," Dokumentarfilm von Antje Christ; Deutschland 2008

Trinkgefäße

Die menschliche Physiognomie taugt nur mäßig dazu, Wasser direkt aus Quellen, Bächen oder Teichen zu trinken. Die Natur hat uns weder mit einem vorgelagerten Schöpfinstrument, wie einem Schnabel, noch mit einer langen Zunge zum Aufschlabbern, noch mit einem Rüssel zum Saugen ausgestattet. Auch die hohle Hand eignet sich nur bedingt als Trinkgefäß: Zum einen ist sie nicht ganz dicht, zum anderen ist ihr Volumen eher klein und ihre Verwendung nicht immer hygienisch. Kein Wunder also, dass alle Kulturen bereits frühzeitig Trinkgefäße entwickelt haben[1]. Diese waren aus (gedrechseltem) Holz, Speckstein, Steingut, Keramik, Glas, Zinn oder Edelmetall. Bereits in der Urzeit benutzte man Trinkbehältnisse aus Bronze. Da die Mythologie das Trinken mit der Einnahme der Seelennahrung oder Lebensspeise in Zusammenhang brachte, waren Trinkbehälter im Gegensatz zu Essgeschirr nicht nur Utensilien des täglichen Gebrauchs, sondern auch magische Objekte[2].

Das Trinkgefäß ist ein Gegenstand voller Symbolik. Die Mythologie bringt das Trinken mit der Einnahme der Seelennahrung oder Lebensspeise in Zusammenhang. Trinkbehälter galten als magisch Obkjekte und wurden als heilig verehrt, zum Beispiel der heilige Gral im Christentum. Bis heute ist die Siegestrophäe vieler Sportveranstaltungen ein überdimensionales Trinkgefäß, nämlich ein Pokal.

Trinkschalen, Becher, Kelche und Pokale

Die Urform des Trinkgefäßes ist der Becher. Im alten Ägypter waren Becher rituelle, teils heilige Gegenstände, die Kraft und Leben symbolisierten, und beliebte Attribute von Göttern und Göttinnen. In der Antike trank man aber vor allem aus flachen Schalen, sogenannten „kylix", die sich vermutlich aus der Sitte, menschliche Schädel als Trinkgefäße zu gebrauchen, entwickelt haben[3]. Auch im Mittelalter waren Trinkschalen allgemein übliche Gefäße bei Tisch, wie zum Beispiel die Darstellung einer Mahlzeit auf dem berühmten Teppich von Bayeux aus dem 11. Jahrhundert zeigt. Heute kennt man flache Trinkschalen noch zum Degustieren von Wein und – mit einem Stiel versehen – als Champagnerglas[4].

Durch die Kombination der „cuppa" (Schale, vgl. engl. „cup") mit einem „stilus" (Schaft) und einem „pes" (Fuß) entstand in weiterer Folge der Kelch. Auch Kelche waren anfänglich spirituelle Gefäße, die meist aus wertvollen Materialien wie Gold gefertigt und oft mit übersinnlichen Kräften ausgestattet waren. Der Heilige Gral zum Beispiel, jener Kelch, aus dem Christus beim letzten Abendmahl getrunken haben soll, spendet der Legende nach ewiges Leben[5]. Das wunderwirkende Trinkgefäß gilt daher auch als einer der wertvollsten Schätze des Christentums – der

BRATERIN

adidas
adidas

jedoch bislang unentdeckt blieb. In der christlichen Liturgie ist der Weinkelch, aus dem ursprünglich nur der Priester trinken durfte, bis heute eines der zentralen Requisiten.

Auch im weltlichen Bereich spielten kunstvoll bearbeitete, reich verzierte Prunkbecher und Kelche eine wichtige Rolle. An den Fürstenhöfen waren sie, ähnlich wie heute der Sportwagen oder der Privatjet, ein wichtiger Gegenstand der Repräsentation. Später dienten die wertvollen Trinkgefäße als Vorbild für sogenannte Zunftbecher und silberne Pokale, die man honorigen Personen als Ehrengeschenk – ähnlich einem Orden – überreichte. Diese Sitte lebt heute noch bei Sportveranstaltungen fort, wenn siegreiche AthletInnen riesige Trinkgefäße in die Höhe stemmen – aus denen natürlich nie getrunken wird. Ganze Bewerbe wie der FIFA World Cup oder der Stanley Cup im Eishockey sind nach diesen ehemals fürstlichen Prunkkelchen benannt[6].

Nicht nur als Siegestrophäe haben Kelche bis in die Gegenwart zumindest einen Teil ihrer Symbolkraft bewahrt. Zwar ist der Kelch mittlerweile als Weinglas in fast jedem Haushalt zu finden, allerdings ist das Stielglas ein besonderes Trinkgefäß geblieben, das – von der Biertulpe über die Sektflöte bis zum Cognacschwenker – vorwiegend mit alkoholischen Getränken befüllt wird.

Die Tasse

Bis zum Ende des Mittelalters kannte man in Europa keine hitzebeständigen Tassen. Da Heißgetränke wie Kaffee, Kakao und Tee unbekannt waren, bestand auch gar keine Notwendigkeit dazu. Erst die transkontinentale Seefahrt brachte die später begehrten Rohstoffe ab dem 15. Jahrhundert sukzessive nach Europa. Auch danach blieben Kaffee, Kakao und Tee noch für Jahrhunderte den reichen Eliten vorbehalten. Andere Schichten tranken – egal ob zum Frühstück oder zum Abendessen – weiterhin (leichtes) Bier, da die alkoholische Gärung die einfachste Möglichkeit darstellte, Wasser zu konservieren.

Was den Konsum von Tee oder Kakao so luxuriös machte, waren nicht nur die teuren Grundprodukte, sondern auch das entsprechende Geschirr. Als adelige Kreise im 17. Jahrhundert damit begannen, exotische Getränke aus Übersee zu servieren, erwiesen sich die bislang üblichen Trinkgefäße schnell als ungeeignet. Die keramischen Becher hielten der Hitze nicht stand und zersprangen, die metallenen wurden außen so heiß, dass man sich die Finger verbrannte. Als einzige Alternative blieb, neben den Zutaten selbst auch die dazu passenden Porzellanschalen aus China zu importieren[7].

In Folge zeugte nicht nur der Genuss von Kaffee und Tee an sich von Reichtum, Macht und Ansehen, sondern auch die weit gereisten Tassen, in denen sie ausgeschenkt wurden. Bevor Johann Friedrich Böttger und Ehrenfried Walther von Tschirnhaus 1708 in Dresden das erste europäische Porzellan produzierten, galt aus China importiertes Porzellangeschirr als so wertvoll, dass es Adelsfamilien auf Reisen mit sich führten, um es herumzuzeigen. Wenn etwa die HabsburgerInnen zu einer Krönung nach Frankfurt reisten, dann stellten sie dort auf Stellagen ihr eigenes Geschirr aus. Auf den Besitz von den überaus teuren Porzellantassen war man mitunter so stolz, dass man den Ring- und den kleinen Finger beim Trinken abgespreizte, um das handgemalte Dekor der Schalen besser zur Geltung zu bringen. Diese kleine Geste wird mancherorts noch immer praktiziert und gilt nach wie vor als besonders nobel – oder als dekadent und lächerlich. Auch wenn der ausgestreckte kleine Finger im Regelfall nicht mehr dazu dient, mit dem Geschirr zu protzen, ist er doch ein gutes Beispiel dafür, wie Gegenstände unser Verhalten prägen.

Wie einzelne Geschirrstücke die Tischsitten beeinflussen können, zeigt auch die englische Gepflogenheit, zuerst die Milch und erst danach den Tee in die Tasse zu gießen. Sie stammt aus der Anfangszeit der europäischen Porzellanerzeugung, als die billigeren, europäischen Teeschalen noch nicht vollkommen hitzebeständig waren. Aus Angst, die wertvolle Tasse könnte zerspringen, füllte man zuerst etwas kalte Milch hinein, um den brennheißen Tee abzukühlen. Wenn der Butler heute beim Afternoon Tea zuerst die Milch eingießt, so besteht dafür längst keine praktische Notwendigkeit mehr, wohl aber eine soziale: Denn der gute Ton schreibt diese Abfolge vor, auch wenn sie mittlerweile nicht mehr ist als eine zweckfreie Formalität.

Henkel und Service

Während man in Ostasien Tee aus kleinen Schälchen ohne Henkel trinkt, entwickelten die EuropäerInnen mit der Zeit ihr eigenes Design. Vielleicht in Anlehnung an die traditionelle Form des Bierkruges ließ man in China ab zirka 1750 eigens Schalen mit zierlichem Henkel herstellen. Etwa zeitgleich kam auch die Idee für separate Kaffee-, Kakao- oder Teeservices auf. Die einheitlich gestalteten Geschirrensembles umfassten neben Kannen,

Milchkännchen und Zuckerdosen auch Untertassen und eigene Löffel, wobei Form und Dekor aller Teile aufeinander abgestimmt wurde. Den Untertassen kam dabei neben der Aufgabe, das Tischtuch vor Flecken zu schützen, eine besondere Funktion zu. Um den stets heiß servierten Kaffee oder Kakao schneller auf Trinktemperatur abzukühlen, füllten ihn die noblen Damen und Herrn des 18. und 19. Jahrhunderts in die Untertasse und tranken ihn daraus[8]. Wie so oft verschwand zwar das Prozedere, doch der Gegenstand blieb erhalten. Heute dient der Unterteller nicht mehr als Trinkhilfe, sondern als Ablage für den Kaffeelöffel. Daraus zu trinken wäre kein Zeichen guter, sondern, im Gegenteil, sehr schlechter Manieren.

Eine Sonderform der Tasse ist jene mit zwei Henkeln oder Ohren, die für klare Suppen verwendet wird, während legierte Suppen üblicherweise in tiefen Tellern serviert werden. Da man aus der Suppentasse löffelt und nicht (oder nur den letzten Schluck) trinkt, ist sie genau genommen keine Tasse, sondern eine moderne Form der Essschüssel[9].

Das Glas

Jenes Trinkgefäß, das wir heute am meisten benutzen, ist vergleichsweise jung: das Glas. Bis ins 17. Jahrhundert trank man aus Zinn- oder Keramikbechern, aus Steinzeugkrügen oder Holzschalen. Behältnisse aus Glas waren dagegen kaum auf einer Tafel zu finden[10]. Auch wenn das Material selbst vermutlich bereits um 1500 vor Christus erfunden wurde und im alten Rom sehr beliebt war, erforderte dessen Herstellung leistungsfähige Schmelzöfen und handwerkliches Geschick. Ungetrübtes, wirklich transparentes Glas wurde in Europa überhaupt erst ab Mitte des 15. Jahrhunderts produziert und blieb für die breite Masse für lange Zeit unerschwinglich. Erst ab dem 18. Jahrhundert, als sich die Tafelkultur zu verfeinern begann, gewannen aufwendig dekorierte Gläser an Bedeutung. Sie wurden bemalt, geschliffen, geätzt, graviert, vergoldet und je nach Mode formal immer wieder verändert. Am Hof der Habsburger galt zum Beispiel der sogenannte Römer (die Bezeichnung leitet sich nicht von den Römern, sondern von „rühmen" ab), ein Kelch aus grünem Glas mit einem konischen, gerippten Fuß mit Noppen, als vornehmstes Trinkgefäß. Die Popularität der neuen Gläser (und Tassen) ließ die traditionellen Trinkbecher langsam von den Tischen verschwinden. Seither benutzen wir im

Normalfall Porzellangefäße für heiße, und gläserne Behälter für kalte Getränke[11].

Woraus man trinkt, ist eine Frage der Mode

Waren die Designs bis vor rund hundert Jahren von Kunsthandwerk und Repräsentation bestimmt, so setzte sich Anfang des 20. Jahrhunderts die sogenannte Zweckform durch. Seither sind Trinkgefäße nicht mehr aufwendig dekoriert, sondern funktional und ergonomisch geformt. Die traditionelle Materialvielfalt reduzierte sich auf die drei Werkstoffe Glas, Keramik und Kunststoff. Dennoch haben Trinkgefäße ihren Stellenwert als Statussymbole nicht eingebüßt. Wer etwas auf sich hält, hat für unterschiedliche Alkoholika, (manche sogar für unterschiedliche Rebsorten) jeweils einen eigenen Satz Gläser und für jede Kaffeezubereitungsart – vom Espresso bis zum Café Latte – ein eigenes Set Tassen. Allein im deutschsprachigen Raum zählt man von der Stange und dem Eimer über die Flöte bis hin zu Kugel und Seidel neunzig verschiedene Bierglastypen.

Kaum ein anderes Behältnis am Tisch inspirierte zu einer ähnlich großen Formenvielfalt wie das Trinkgefäß. Während uns ziemlich egal ist, ob wir Salat aus einer kleinen Schüssel oder von einem flachen Beilagenteller essen, wirkt die mythologische Bedeutung von Trinkbechern, Kelchen und Schalen bis heute nach. WeinliebhaberInnen erwerben heute Minimalvariationen des immer gleichen Kelches, der je nach Inhalt in Dimension, Glasbeschaffenheit, Form und Proportion variiert. Selbst in traditionellen Weinländern wie in Italien oder Frankreich verdrängen langstielige, dünnwandige Gläser mit großer Kuppa zunehmend die traditionellen Formen ohne Schaft. Ob Champagner besser aus flachen Schalen oder aus hohen Flöten schmeckt, ist weniger eine funktionale als vielmehr eine Frage von Mode und Zeitgeist. Auch die zugehörigen Tischsitten verändern sich, zum Beispiel die Vorgabe, Wein- und Sektgläser immer nur am Schaft und niemals an der Kuppa zu halten. Auf Fotos der Hochzeit von Fürst Rainier III. mit Grace Kelly im Jahr 1956 halten alle Gäste das Glas an der Schale, nicht am Stiel. In adeligen Kreisen ist es bis heute üblich, Champagnergläser an der Kuppa zu halten.

Formal haben sich Trinkhilfen aus den zwei Urtypen – Trinkschale und Trinkbecher – entwickelt. Schalen kennt man heute, mit Ausnahme der französischen „Bol" (Trinkschale), nur noch in Kombination mit einem Stiel oder einem Henkel. Die Form des Bechers lebt im Wasserglas und, mit Henkel versehen, als Tasse für Heißgetränke fort. Becher aus Kunststoff sind als Kinder- oder Einweggeschirr gebräuchlich. Andere Gestaltungsmerkmale sind dagegen völlig verschwunden, zum Beispiel der Deckel, den Trinkgefäße – abgesehen vom Auslaufschutz bei Babyflaschen – im Laufe der Zeit komplett einbüßt haben. Um vor Ungeziefer wie Fliegen zu schützen, waren Becher, Krüge und auch Kelche meist mit einem entsprechenden Verschluss versehen[12]. Der bauchige Doppelbecher, dessen großer Klappdeckel als zweites, kleineres Trinkgefäß verwendet werden konnte, war im Mittelalter – und lange danach – äußerst beliebt. Selbst Suppentassen waren ursprünglich mit einem Deckel versehen. Auch der Bierdeckel erfüllte, wie sein Name schon sagt, diese Funktion[13].

1 Eine jungsteinzeitliche Kultur im Norden Europas wurde sogar nach ihren charakteristischen trichterförmigen Trinkbehältern „Trichterbecherkultur" benannt.

2 Morell, 2001, S. 44ff

3 Morel, 2001, S. 50

4 Morel, 2001, S. 50

5 vgl. Symbolik des Bechers im alten Ägypten

6 Morel, 2001, S. 60

7 vgl. Morel, 2001, S. 104

8 Morel, 2001, S. 105

9 Morel, 2001,S. 39

10 Morel, 2001, S. 58

11 vgl. Morel, 2001, S. 54 ff.

12 Morel, 2001, S. 50

13 Morel, 2001, S. 39

Speiseservice – Geschirrsets als Ordnungsprinzip

Die friedliche Tischgemeinschaft ist in vielen Kulturen ein Ideal. Eingeladen zu sein, ist eine Ehre. Es erfordert auch, sich dem jeweiligen Ordnungsprinzip am Tisch der GastgeberInnen unterzuordnen. Gastfreundschaft und Tischgemeinschaft können aber auch verweigert werden. Es ist eine Provokation, eine Einladung abzulehnen oder die Regeln der GastgeberInnen nicht zu befolgen.

Die Idee des Geschirrsets in einheitlichem Dekor für 6 bis 12 Personen entstand im Zuge der Ästhetisierung des Essens im 18. Jahrhundert, als sämtliche Tischutensilien optisch aufeinander abgestimmt wurden. Eine derartige Serie porzellanener Diener[1] zu besitzen, war allerdings noch bis in die Mitte des 20. Jahrhunderts reichen Kreisen vorbehalten. Heute bildet ein Service, also ein in Form, Farbe und Gestaltung aneinander angeglichenes, mehrteiliges Essgeschirr, in den westlichen Industrieländern einen fixen Bestandteil der Haushaltsausstattung. Seine Zusammenstellung spiegelt das gesellschaftliche Verständnis davon wider, was zur Ausrichtung einer standesgemäßen Mahlzeit nötig ist.

Das gestalterische Vorbild des heutigen, modernen Speiseservices ist das Stapelgeschirr TC 100, das der deutsche Designer Hans Roericht 1959 an der Ulmer Hochschule für Gestaltung entwarf. Roericht rückte Funktion und Gebrauchstauglichkeit in den Mittelpunkt der Gestaltung. TC 100 ist ein schlichtes, weißes Geschirr ohne Dekor und für den professionellen Einsatz in Hotelküchen, Kantinen und Selbstbedienungsrestaurants konzipiert. Es ist einfach zu produzieren, stapelbar, spülmaschinenfest und zweckorientiert. Die Unterseiten sind so geformt, dass sich beim Trocknen im Geschirrspüler keine Kuhlen bilden, in denen das Wasser stehen bleibt. An den Schnäbeln der Kannen bleiben keine Tropfen hängen, die unschöne Kalkränder hinterlassen. Gegenüber früheren Geschirrsets, die sich aus bis zu 350 – teils rein dekorativen – Elementen zusammensetzten[2], reduzierte Roericht den Umfang seines Services auf 30 Einzelteile. Das TC 100 diente allen modernen Restaurantausstattungen bis hin zum typischen Ikea-Geschirr als Vorbild[3].

Der Anspruch der gestalterischen Einheit sämtlichen Equipments bei Tisch zeigt sich unter anderem in Geschirrkatalogen und Haushaltsabteilungen. Obwohl immer weniger zu Hause gekocht wird, sind die heimischen Geschirrausstattungen nach wie vor sehr umfangreich. Auch wenn der Großteil dieser Werkzeuge selten oder nie benutzt wird, so sind ein vollständiger Bestecksatz und ein komplettes Service ein wichtiges Statussymbol geblieben. Sein Besitz gibt das gute Gefühl, der Haushalt sei „ordentlich", sprich ordnungsgemäß ausgestattet. Tatsächlich wird aber eine Vielzahl von „toten" Gebrauchsgegenständen angeschafft, also Dinge, die zwar für eine bestimmte Funktion vorgesehen sind, diese Funktion aber nicht erfüllen können, weil sie den Geschirrkasten nie verlassen.

Das Diktat der stilistischen Einheit von Tellern, Tassen und Schüsseln ist als kulturelles Ordnungsprinzip fest in unseren Köpfen verankert. Vollständigkeit spielt dabei eine zentrale Rolle. Wir haben die Idee des Geschirrensembles zu jeweils 6 oder 12 Teilen so verinnerlicht, dass eine Störung dieser Vollständigkeit, etwa wenn etwas zu Bruch geht, uns schwer irritiert. Ja, sie kann sogar dazu führen, dass die übrigen Teile eines unvollständigen Sets in unseren Augen so sehr an Wert verlieren, dass wir sie trotz voller Funktionstüchtigkeit entsorgen.

1 französisch: „service" Tafelgeschirr, das, was „dem Mahl dient"

2 Hürlimann, Reininghaus, 1996, S. 238

3 Morel, 2001, S. 187; Schepers in: Eidam, Grotkamp-Schepers, Heise, Schepers, 2008, S. 154–155

Essgeräte als Kontrollwerkzeuge

Auch wenn so gut wie alle Kulturen zum Essen bestimmte Gerätschaften gebrauchen, so unterscheiden sich diese – seien es nun Messer, Gabeln, Stäbchen, Verpackungen, Gläser, Schalen, Servietten, Blätter oder andere Hilfsmittel – je nach Zeit(alter) und Region stark. Essinstrumente sind alles andere als selbstverständlich. Man kann auch ganz anders essen, und das nicht unbedingt unästhetischer, unpraktischer oder unmoralischer.

Speisewerkzeuge sind nicht primär funktionell und erleichtern das Essen nur bedingt. Der Gebrauch von Besteck ist schwierig zu erlernen und bei etlichen Gerichten wenig praktikabel. Gabel und Löffel müssen umständlich in den Mund gedreht werden. Zudem gehen durch die Verwendung von Besteck der unmittelbare Kontakt zum Essen und ein Gutteil seines haptischen Genusses verloren. Das Grundmaterial Metall verändert den Geschmack der Speisen, und der Tastsinn kommt im Vergleich zum Essen mit den Fingern zu kurz[1].

Vor allem die europäischen Speisewerkzeuge sind in ihrer Anschaffung kostspielig und aufwendig hinsichtlich Herstellung, Nutzung und Pflege. Ihr Gebrauch hat sich aus Konventionen heraus entwickelt und verfolgt weitaus mehr als rein praktische Ziele. Tischinstrumente unterstützen die Triebkontrolle beim Essen, indem sie leibliche Begierden, wie hemmungsloses In-sich-Hineinschlingen oder mit bloßen Fingern in Breien, Puddings oder Torten herumzumantschen, unterbinden. Essgeräte schaffen räumliche und zeitliche Distanz zur Nahrung. Sie sind Kontrollwerkzeuge, die helfen, den eigenen Körper in Schach zu halten. Sie versinnbildlichen die Willensstärke des Geistes – in Form der Esskultur – gegenüber dem körperlichen Verlangen.

Gegenstände, die wir zum Essen verwenden, steuern unser Essverhalten. Sie bedingen, was wir essen und wie viel wir essen. Sie beeinflussen, welche anderen Geräte wir verwenden und wie diese beschaffen sind, und sie steuern unser Verhalten bei Tisch.

Essbehälter tragen kulturelle Gebrauchsanweisungen in sich. So „darf" zum Beispiel aus manchen Verpackungen wie Pizzakartons oder Getränkedosen direkt gegessen und getrunken werden, und aus anderen nicht. Aus einer Bierflasche zu trinken wird in manchen Situationen toleriert, aus einer Weinflasche eher nicht. Für Menschen, die diese „Codes" nicht kennen, ist der gesellschaftliche Umgang mitunter schwierig. Schon kleine „Fehler" reichen, um als Mensch mit schlechtem Benehmen oder als kulturfremd herabgewürdigt zu werden.

Werkzeuge verändern den Speisezettel

Bis zur Mitte des 19. Jahrhunderts war es in adeligen und großbürgerlichen Kreisen üblich, die Speisen „à la française" zu servieren. Beim Service „à la française" – einer Weiterentwicklung des „Grand couvert" König Ludwigs XIV – wurde das Essen in drei, bei besonderen Anlässen auch fünf, aufeinanderfolgenden Gängen, den sogenannten Serien, Services oder Trachten, eingestellt. Jede Serie bestand aus einer Vielzahl von Gerichten, die eigenen Tischplänen entsprechend auf mehrere Schüsseln oder Platten aufgeteilt, vom Zentrum aus symmetrisch auf dem Tisch platziert wurden, sodass jeder Gast jede Speise erreichen und sich bedienen konnte. Die erste Serie, die üblicherweise aus Suppen, Eintöpfen, Ragouts, Pasteten und anderen Vorspeisen bestand, war beim Eintreffen der Gäste bereits auf der Tafel arrangiert. Die letzte Serie bestand aus Desserts, Käse, Eis und Obst. Die Anzahl der Gerichte musste pro Serie gleich sein, um das Tafelbild nicht zu stören, sodass beim Wechsel von einer Serie zur nächsten für jede abservierte Schüssel eine neue eingestellt wurde. Ab Mitte des

Menschen, die unterschiedliche Essgeräte benutzen, essen auch andere Gerichte. Löffel, Gabel, Stäbchen oder Finger wirken sich auf die Rezepturen aus, indem sie entsprechend zubereitete Speisen bedingen. Kulturen, die ohne Messer essen, sind darauf angewiesen, dass der Koch oder die Köchin bereits in der Küche alle Zutaten auf ein mundgerechtes Format bringt. Steaks oder Schnitzel lassen sich ohne Schneidewerkzeug bei Tisch schlecht verzehren. Selbst in ostasiatischen Ländern, die mit Stäbchen über eine ausgefeilte Esstechnik verfügen, etablierte sich aus diesem Grund für aus dem Westen importierte Speisen das Essen mit Messer und Gabel[2].

Indirekt beeinflussen die Esswerkzeuge den Geschmack des Essens. Kleingewürfeltes schmeckt anders als im Ganzen Gebratenes. Zudem vermischen sich die Bestandteile eines Gerichts in Essschüsseln und tiefen Tellern schnell, Saucen durchtränken alles Darunterliegende. Die Geschmackseinheit aller Zutaten ist bei Currys oder Pasta durchaus erwünscht. Sollen sich die Elemente nicht auf der Speiseunterlage, sondern erst im Magen treffen, so muss diese möglichst flach und groß sein. Knusprig gebackene Fleischstücke (mit oder ohne Panier) werden dementsprechend auf ebenen Tellern serviert, damit sie sich an Beilagen wie sämig marinierten Salaten nicht aufweichen – ein Anspruch, der in Form von mehrteiligen Kantinentellern auch eine dezidierte gestalterische Antwort gefunden hat.

Werkzeuge beeinflussen die Menge des Gegessenen

Werkzeuge beeinflussen nicht nur, was wir essen, sondern auch wie viel. Die Größe des Löffels beispielsweise wirkt sich auf die Menge des Gegessenen aus: Je größer das Werkzeug, desto schneller und desto mehr isst man damit. Essen mit Stäbchen dagegen hält schlank. Der amerikanische Ernährungswissenschaftler Brian Wansink stellte in einer Studie[3] fest, dass Nicht-AsiatInnen mit Stäbchen deutlich mehr Zeit benötigen, um die gleiche Kalorienmenge in den Körper zu befördern, als mit Messer und Gabel. Durch das langsamere Essen stellt sich das Sättigungsgefühl früher ein, und die Gefahr, sich zu überessen, sinkt. Essen mit Stäbchen ist für Kulturfremde mühsam und wird daher auch als Strategie eingesetzt, um abzunehmen[4].

Gefäße dienen als Maßeinheit und Orientierungshilfe. Aus

Erfahrung benutzen wir die üblichen Abmessungen von Gläsern und Tellern, um Portionsgrößen abzuschätzen. Es fällt uns leichter, von einem durchschnittlichen Teller die richtige Menge zu essen, als aus einem undefinierten Sack voll Kartoffelchips oder Gummibären. Auch die berüchtigten winzigen Portionen der Nouvelle Cuisine oder (scheinbar) riesige Bratenstücke in Wirtshäusern sind nicht selten eine Folge des Geschirrs, auf dem sie liegen. Von der Norm abweichende Durchmesser von Tellern und Gläsern tricksen unsere Wahrnehmung aus. Je größer der Teller ist, desto kleiner wirkt das darauf platzierte Stück Fleisch[5]. Nach dem Verzehr eines üppig beladenen Vorspeisentellers fühlt man sich gesättigter, als hätte man dieselbe Menge von einem riesigen Platzteller zu sich genommen – obwohl man beide Male gleich viel gegessen hat. Dieselbe Portion Müsli erscheint in einer Müslischale ohne Rand größer als in einer Schale mit Rand, die dadurch im Verhältnis zum Inhalt optisch größer wirkt[6]. Wansink sieht darin einen Faktor für die zunehmende Fettleibigkeit in den USA: Moderne Teller sind im Vergleich zu jenen unserer Urgroßeltern deutlich größer, dadurch tendiert man dazu, mehr draufzuladen – und auch zu verzehren[7].

19. Jahrhunderts geriet der französische Service immer mehr unter Kritik, weil Qualität und Frische der Speisen zu Gunsten des prunkvollen Gesamtarrangements litten. Oft waren die Speisen bereits kalt oder trocken, wenn die Gäste eintrafen.

Unterschiede in der Wahrnehmung von Mengen beobachten WissenschaftlerInnen auch bei Gläsern: Aufgrund unserer optischen Prägung wirkt die gleiche Menge Flüssigkeit in einem hohen schmalen Glas wesentlich größer als in einem breiten, niedrigen[8]. Biergläser für kleine Mengen sind daher meist schmal und hoch. Das Geschirr, auf oder in dem ein Nahrungsmittel serviert wird, beeinflusst aber nicht nur die Wahrnehmung der Menge, sondern auch andere Sinneseindrücke, zum Beispiel den Geschmack. Bei einem Test empfanden ProbandInnen dasselbe Erdbeereis süßer und aromatischer, wenn sie es von weißen Tellern aßen, als wenn sie es von schwarzen löffelten. Was auf runden Tellern serviert wird, schmeckt (scheinbar) süßer als das, was auf eckigen angerichtet ist, ohne dass mehr Zucker oder Süßstoff hinzugefügt worden wäre. Form und Farbe des Geschirrs können also die Geschmackswahrnehmung beeinflussen[9].

Ein Werkzeug bedingt das andere

Messer und Gabel funktionieren bei Tisch nur in Kombination mit einer entsprechenden Schneideunterlage in Brusthöhe. Sie eignen sich dagegen wenig dazu, aus einer tiefen Schale oder einer gemeinsamen Schüssel in der Tischmitte zu essen. Tischgeräte bedingen einander. Nicht jedes Esswerkzeug lässt sich mit jeder Art von Speiseunterlage kombinieren. Es dauert lange, mit Stäbchen einzelne Reiskörner von einer flachen Platte zu picken. Kleine Schüsseln, die sich leicht mit einer Hand halten lassen, unterstützen die Essstäbchen dagegen perfekt dabei, Reis oder Gemüse in den Mund zu schaufeln.

Werkzeuge beeinflussen unser Verhalten

Speisewerkzeuge fungieren als Codes, die Informationen über den Rahmen, den Ablauf und die Gerichte einer Mahlzeit übermitteln. Ein großer Löffel rechts neben dem Gedeck verspricht Suppe. Liegt dasselbe Instrument in verkleinerter Form oberhalb des Tellers parallel zur Tischkante, deutet er auf eine süße Creme oder ein anderes, weiches Dessert hin. Ein Gedeck mit mehr als drei Speisewerkzeugen lässt ein Festmahl erahnen. Die Gegenstände funktionieren wie eine geheime Zeichensprache, die – den Eingeweihten – mitteilen, was sie gustatorisch, rituell und hierarchisch zu erwarten haben, und sie gibt ihnen Gelegenheit, ihr Verhalten der Situation anzupassen.

Ende des 19. Jahrhunderts führte der russische Botschafter in Paris, Fürst Alexander Borisovitch Kourakin, eine neue Art des Service, den sogenannten „Service à la russe", ein. Die einzelnen Gerichte wurden nicht mehr gleichzeitig, sondern nacheinander serviert und kamen daher heiß und frisch aus der Küche. Beim Eintreffen der Gäste stand nur noch das leere Gedeck auf dem Tisch, die frei gewordene Tischmitte wurde durch Dekorationen aller Art – auch Desserts und Obst für später – gefüllt. Der „Service à la russe" kam rasch beim Großbürgertum und in Restaurants in Mode und setzte sich schließlich in ganz Mitteleuropa durch. Er ist bis heute die übliche Art, ein mehrgängiges Essen zu servieren, geblieben. Anklänge an den „Service à la française" finden sich heute noch bei Buffets und in Chinarestaurants, wo alle Gerichte in der Mitte auf einer Drehscheibe eingestellt werden.

Essutensilien beeinflussen Gesten und Körperhaltung bei Tisch. Das aufrechte Sitzen mit gerade nach vorne gerichtetem Kopf, wie wir es heute praktizieren, wurde erst durch das individuelle Gedeck und Besteck mit entsprechend langen Stielen möglich. Heute gilt es als unhöflich und ungezogen, mit dem Gesicht direkt über dem Teller zu „hängen", obwohl es bequemer und praktischer wäre. Die aufrechte Körperhaltung ist Ausdruck der Triebkontrolle beim Essen: Auch wenn der Hunger noch so groß ist, hält man Abstand zur Nahrung.

Speiseinstrumente und die Art, wie sie gebraucht werden, verändern den Sozialkontakt innerhalb der Gruppe. Werden Schüsseln, Messer, Löffel und Becher gemeinsam benutzt, entsteht automatisch ein reges verbales und körperliches Miteinander. Individuelles Besteck dagegen bedeutet zwar mehr Freiheit, Intimsphäre und Unabhängigkeit für den und die Einzelne, aber auch mehr Distanz zu den anderen. Gemeinsame Essgefäße erfordern Absprachen und Kompromisse, die wegfallen, sobald jeder und jede sein eigenes Speisegerät vor sich hat. Eine hochentwickelte Esskultur mit viel Equipment geht deshalb zwangsläufig mit dem Verlust von Kommunikation und Körperkontakt einher[10].

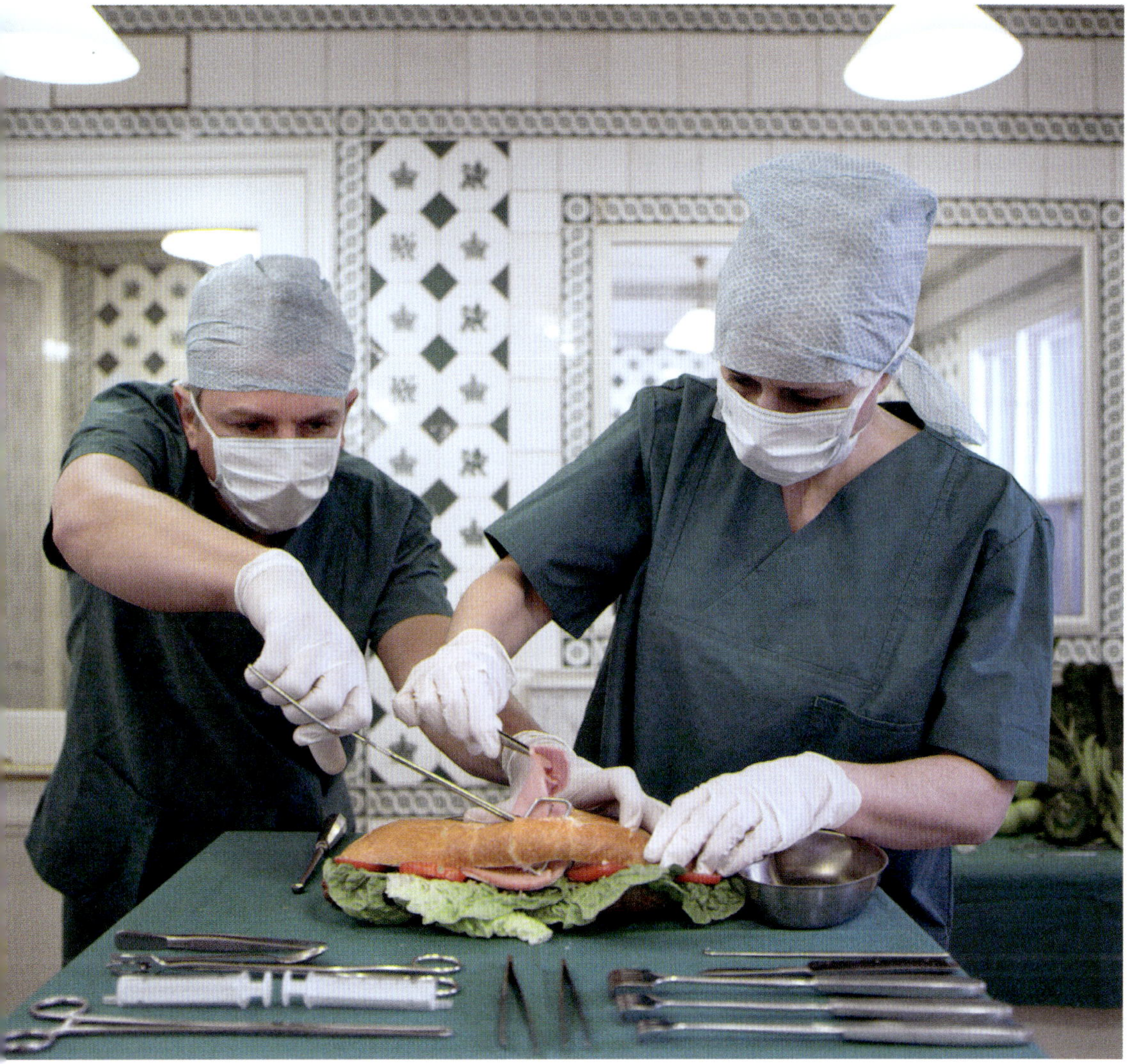

1 Spence, 2018, S. 130
2 Paczensky, Dünnebier, 1999, S. 319.
3 Brian Wansink und Collin R. Payne, The Cues and the Correlates of Overeating at the Chinese Buffet, Cornell University Food and Brand Lab
4 Wansink, 2008, S. 76
5 Spence, 2018, S. 95
6 Spence, 2018, S. 95
7 Wansink, 2008, S. 61–63
8 Wansink, 2008, S. 59f.
9 Spence, 2018, S. 82
10 Morel, 2001, S. 73

Textile Werkzeuge – die Tischwäsche

Das Tischtuch

Das Tischtuch ist (abgesehen von modernen Varianten aus Papier oder Kunststoff) eine textile Zwischenschicht, die zwischen Essen und Tisch geschoben wird. Während die Serviette zur Reinigung von Mund und Fingern klar funktionellen Ursprungs ist, erfüllt das Tischtuch vorwiegend dekorative Zwecke. Dennoch ist es deutlich älter als andere Ablagen, die wir für Speisen benutzen, zum Beispiel der Teller.

Bereits im alten Rom legte man ein Tuch über den niedrigen, kleinen Speisetisch, ehe man das Essen servierte. In unseren Breiten waren Tischtücher zunächst lang und schmal, sie bedeckten nur jenen Teil in der Mitte der Tafel, auf dem die gefüllten Schüsseln platziert wurden. Erst im 15. Jahrhundert wurde der mittige Läufer durch einen „Tischteppich", der den ganzen Tisch verhüllte, abgelöst[1]. Die Einführung dieser großen Tischdecken zog eine Verfeinerung der Tischsitten nach sich. Das Tischtuch erforderte eine kontrolliertere Handhabung der Speisen und die genauere Einhaltung der Tischregeln, denn nun bildete sich jeder Fehltritt sofort unschön auf der Unterlage ab. In den vergangenen Jahrzehnten entwickelte sich das Tischtuch in seiner Größe vielfach wieder zurück. Einzelne Tischsets (Platzdeckchen) geben heute häufig wieder den Großteil der Tischplatte frei. Vor allem in der (einfachen) Gastronomie kommt oft eine Minimalvariante des Tischtuchs in Form von Papiersets zum Einsatz.

Die unterschiedlichen Stücke der Tischwäsche waren in ihrer Funktion nicht immer so klar voneinander getrennt wie heute. Zeitweise übernahm das Tischtuch auch die Aufgaben der Serviette, des Handtuchs – und sogar des Taschentuchs. Noch 1530 tadelte Erasmus von Rotterdam in einer „Tischzucht" all jene, die sich die schmutzigen Finger nach dem Essen in der Kleidung abwischten. Er empfahl, stattdessen das Tischtuch oder die Serviette zu benutzen[2]. Auch das Besteck wurde nach dem Essen im Tischtuch abgewischt. Und bis ins 17. Jahrhundert wiesen Anstandsregeln ausdrücklich darauf hin, dass es unschicklich sei, sich ins Tischtuch zu schnäuzen – was vermuten lässt, dass diese Sitte recht verbreitet war[3].

Heute erfüllen Tischtücher keine praktische Funktion zur Reinigung von Fingern, Messer, Mund oder Nase mehr, sondern nur noch dekorative Zwecke. Tafeltücher waren immer schon wichtige Repräsentationsgegenstände, die in einfachen Haushalten nur zu besonderen Anlässen auf den Tisch kamen[4]. Der Reichtum eines Haushaltes zeigte sich auch im Besitz vielfältiger und wertvoller Tischwäsche. Sie war Ausdruck einer gehobenen Tischkultur und bildete einen wesentlichen Teil der Aussteuer. Wer bei Tisch protzen wollte, ließ nicht nur ein, sondern möglichst viele, verschieden gestaltete Tücher über den Tisch breiten[5]. Nach jedem Gang wurde dann eines davon mitsamt den Essensresten und dem schmutzigen Geschirr entfernt.

Aller anderen Utensilien beraubt, stellt das Tischtuch auch an ungewohnten Orten, sei es unterwegs, am Bahnhof, am Berg oder in der Fabrik, die Esssituation her. Über eine horizontale Fläche jeder Art gebreitet, macht es aus Arbeitstischen, einfachen Brettern oder umgedrehten Bierkisten einen Ort zur Nahrungsaufnahme. Es unterscheidet nicht nur physisch zwischen sauber und schmutzig, zwischen Essunterlage und Umgebung, sondern auch gedanklich zwischen Alltag und Nahrungsaufnahme, zwischen Arbeit und Pause, zwischen Bewegung und Ruhe. Beim Picknick ersetzt das Tischtuch den Tisch und übernimmt an seiner

Während des Mittelalters und der Renaissance hatte das Tischtuch verschiedenste Funktionen. Essende banden sich Teile der Tischwäsche als Riesenlatz um den Hals, wischten sich damit die Finger ab und schneuzten sogar hinein. Oft wurde das Tischtuch nach dem Essen über den Gerichten zusammengeschlagen und wie ein Riesenpaket aus dem Saal getragen. Mittlerweile hat das Tischtuch seine Funktionen eingebüßt und gilt eher als dekoratives Objekt. Es kann noch als Schutz für die Tischoberfläche oder als Symbol für ein formelles, bürgerliches Mahl dienen. Auch das verliert an Bedeutung. Sogar die Sternegastronomie beginnt damit, auf Tischtücher zu verzichten. Die Präsentation der Holzoberfläche der Esstische ist eine Abkehr von bürgerlichen Konventionen.

statt die Aufgabe, den Ort des Essens festzulegen. In früheren Jahrhunderten, als vor allem auf Jagden gepicknickt wurde, aßen in freier Natur nur der Herrscher oder die Herrscherin an einem eigens mitgeführten Tisch, während alle anderen mit einem Tuch auf dem Boden Vorlieb nehmen mussten[6].

Die Serviette

Neben dem Tischtuch sind Servietten das zweite textile Werkzeug bei Tisch. Da man von der Steinzeit über die Antike bis ins Mittelalter mit den Fingern aß, erstaunt es nicht, dass sie zu den ältesten Tischutensilien überhaupt zählen. Mit sogenannten „mappae" säuberte man schon in der Antike die schmutzigen Finger, und man benutzte sie beim Waschen der Hände vor, während und nach der Mahlzeit als Handtuch. (Mit Wasser gefüllte Fingerschalen zum Reinigen standen ständig bereit.) Im alten Rom kannte man zwei Arten von Servietten: ein 50 mal 50 Zentimeter großes Stück Stoff, das man über das Speisesofa breitete, um es vor Flecken zu schützen, und ein kleineres Mundtuch, das man in der linken Hand hielt, um Finger und Gesicht zu reinigen. Außerdem diente die Serviette als Verpackung fürs Take-away: Am Ende einer Abendeinladung schlugen die Gäste Überbleibsel und Gastgeschenke gerne in eigens dafür mitgebrachte Servietten ein und nahmen sie mit nach Hause[7].

Mit dem Untergang der römischen Kultur geriet die Sitte des Reinigungstuchs bei Tisch in Vergessenheit. Im Mittelalter säuberte man die Finger in der Tischdecke oder an der Kleidung. Die Tischwäsche beschränkte sich oft auf das Handtuch, das beim „Gießfasskensterlein", einer Waschgelegenheit direkt in der Stube, bereitlag. Erst gegen Ende des Mittelalters tauchten Servietten wieder vermehrt auf – allerdings nicht zum Essen, sondern zum Servieren. Das Bedienungspersonal trug sie über Arm oder Schulter und benutzte sie, um heiße Töpfe zu transportieren oder den Gästen vor dem Essen die Teller abzuwischen, weswegen man sie auch als „Tellertuch" bezeichnete. Diese Servietten waren Arbeitsgeräte, deren Größe jener eines heutigen Handtuchs entsprach. Erst im Barock wurde das Format der Serviette reduziert[8].

Im 16. Jahrhundert besann sich der europäische Adel wieder der antiken „mappa" und erfand die Serviette sozusagen zum zweiten Mal. Nun wurde die „kleine Dienerin"[9], wie die Serviette wörtlich heißt, zum fixen Bestandteil des höfischen Gedecks, und sie diente wie in unseren Tagen als Mundtuch und zum Schutz der Kleidung. Allerdings platzierte man sie zunächst nicht, wie heute üblich, auf den Knien. Genauso wie das Personal trugen die noblen Damen und Herren auch bei Tisch die Serviette vorerst auf der Schulter oder dem Arm, was Erasmus von Rotterdam in seinen Tischregeln auch ausdrücklich so empfahl[10]. Rund hundert Jahre später steckten die Herren die Serviette im Knopfloch fest, die Damen fixierten sie mit einer Nadel am Ausschnitt des Kleides. Noch auf Darstellungen des Hochzeitsbanketts der römisch-deutschen Kaiserin Maria Theresia 1736 halten nur einige Gäste die Servietten auf dem Schoß, während sie andere als Lätzchen umgebunden tragen.

Die Serviette und das Hemd sind einander sehr ähnlich. Material und Muster unterscheiden sich kaum. Doch eine der beiden Textilien darf beschmutzt werden und die andere nicht. Die zugeordnete Funktion der Serviette ist es sogar, als Schmutzfänger zum Schutz des Hemds zu dienen.

Eine neuerliche Veränderung erfuhr die Serviette, als die Gabel aufkam, denn die Finger blieben beim Essen jetzt mehr oder weniger sauber. Dadurch kam die Serviette weniger zum Einsatz und konnte – natürlich von derselben Person – wiederverwendet werden, was zur Geburt eines neuen Gegenstandes führte: des Serviettenrings. Er avancierte im Laufe der Zeit zum Inbegriff für Kontinuität und Geborgenheit, denn wo ein Serviettenring mit dem eigenen Namen aufbewahrt wird, dort fühlt man sich zu Hause[11].

Im Laufe der Zeit entwickelten sich Leinen- oder Damastservietten (nebst Silberbesteck und Porzellanservice) zu einem unverzichtbaren Bestandteil jeder feierlichen Mahlzeit und damit des Familienbesitzes. Sie wurden mit Monogrammen bestickt und mussten blitzsauber, makellos gebügelt und gestärkt auf den Tisch kommen. Das Herstellen von Lilien, Sternen, Schwänen oder Seerosen aus gefalteten Servietten entwickelte sich zu einer eigenen Kunstform, die ein maßgebliches Element der Tischdekoration bildete. Beherrschte die Hausfrau selbst diese Fertigkeit nicht, so musste zumindest eine der Angestellten über das nötige Know-how verfügen. Liebevoll dem Anlass entsprechendes, sogenanntes „Brechen" der Servietten galt nämlich als unerlässliche Aufmerksamkeit der Einladenden gegenüber den Gästen[12]. Am Hof der Habsburger kümmerten sich eigene Dienstbotinnen, die sogenannten Weißzeugfrauen, um Pflege und Bereitstellung der Tischwäsche, deren strahlend weiße Farbe von jeher als Markenzeichen eines gut geführten Haushalts galt[13]. Die sogenannte Kaiserfaltung, die seit der zweiten Hälfte des 19. Jahrhunderts an großen Tafeln des Wiener Hofes – heute bei Staatsbanketten – Verwendung findet, wird von der zuständigen Hofsilber- und Tafelkammer nach wie vor wie ein Staatsgeheimnis gehütet. Die dafür nötige spezielle Falttechnik steht in der Tradition einer alten „Faltfamilie" und ermöglicht das Einlegen von kleinen Gebäckstücken. Sie ist nur zwei Mitarbeiterinnen der Silberkammer bekannt und wird im Fall einer Pensionierung an die jeweilige Nachfolgerin weitergegeben.

Neben dem Schutz der Kleidung dient die Serviette heute nur noch dem Abtupfen der Lippen und nicht mehr dem vollflächigen Abwischen des Mundes. Sie um den Hals zu binden, ist unschicklich und nach Vollendung des dritten Lebensjahres nur noch beim Verzehr von Spezialgerichten wie Hummer geduldet. Die Serviette aus Stoff wird allerdings zusehends von ihrem billigen Pendant, der Wegwerfserviette aus Papier, verdrängt. Diese ist vermutlich ein Abkömmling des 1929 im deutschen Nürnberg patentierten Papiertaschentuchs aus reinem Zellstoff („Tempo"). Ständig, überall und in Massen erhältlich, wird die Wegwerfserviette als Universaltuch zum Reinigen, zum Verpacken und als Isoliermaterial für heiße Würstchen, tropfende Hamburger oder fettige Donuts verwendet. Die Papierserviette veränderte das Essverhalten entscheidend, denn im Grunde ermöglichte erst sie die Umsetzung von modernen Take-away- und Fast-Food-Konzepten. Ohne ständig und überall derartige Zellstofftücher geschenkt zu bekommen, wäre der Verzehr von Pizzaschnitten auf der Straße oder im Auto ohne zusätzliches Equipment schwer denkbar.

1 Hürlimann, Reininghaus, 1996, S. 243

2 Morel, 2001, S. 23

3 Hürlimann, Reininghaus, 1996, S. 243

4 Morel, 2001, S. 22

5 Morel, 2001, S. 23

6 Morel, 2001, S. 21

7 Enzinger, in: Kolmer HG, 2008, S. 22

8 Morel, 2001, S. 26

9 lat. „servus" Sklave

10 Enzinger, in: Kolmer HG, 2008, S. 41

11 Morel, 2001, S. 26 u. S. 176

12 Morel, 2001, S. 175

13 Enzinger, in: Kolmer HG, 2008, S. 42

Möbel

Möbel

Möbel bestimmen die Haltung beim Essen. Der Stuhl fixiert uns auf einem relativ kleinen Platz und schränkt den Bewegungsspielraum des Körpers radikal ein. Während Schreibtischstühle Rollen und verstellbare Lehnen haben und kleine Bewegungen zulassen, sind Esszimmerstühle meist starr und schwer.

Möbel, die wir während des Essens benutzen, legen die Körperhaltung fest, die wir bei der Nahrungsaufnahme einnehmen. Während man in manchen Teilen der Welt möglichst bequem auf Teppichen, Pölstern oder Sofas Platz nimmt, zwingt uns die europäische Kombination aus Tisch und Stuhl dazu, Rumpf und Gliedmaßen in eine eher ungemütliche Position mit geradem Rücken und abgewinkelten Beinen zu bringen. In den meisten Kulturen bildet eine bestimmte, vorgegebene Körperhaltung einen wesentlichen Teil des Essrituals. In Japan isst man traditionell auf Tatami-Matten am Boden, indem man mit gestrecktem Oberkörper auf den eigenen Fersen sitzt. Auch die Römer (und hier tatsächlich nur die Männer) lungerten auf ihren Speiseliegen, die sie sich jeweils zu dritt miteinander teilten, nicht irgendwie leger herum, sondern nahmen dazu eine fixe Pose ein: Sie wandten den Kopf dem Tisch zu, ließen die Füße über die Außenseite der Sofas hängen, stützten den linken Ellenbogen auf einen Polster und aßen mit der rechten Hand.

Diese standardisierten Haltungen und die zugehörigen Möbelstücke schränken die persönliche Bewegungsfreiheit beim Essen stark ein. Wenn GastgeberInnen dazu auffordern, an einem Tisch Platz zu nehmen, so weisen sie ihren Gästen ein Sitzmöbel mit einer davorliegenden Ablagefläche (Tisch) zu, auf dem sie sich niederlassen können. Gleichzeitig engen sie den Handlungsspielraum der Gäste enorm ein, indem sie sie an einem ganz bestimmten Ort „festhalten" und eigentlich daran hindern, in andere Bereiche der Wohnung vorzudringen.

Möbel fixieren die Position von Individuen im Raum und damit innerhalb der Gruppe. Mit der Größe des Tisches und der Anzahl der Stühle bestimmt eine Tischgemeinschaft, wie viele Menschen teilnehmen können, und schließt andere von dieser Runde aus. Objekte wie Tische und Stühle schaffen Ordnung und legen Hierarchien fest. Sie arrangieren die Essenden für die Dauer einer Mahlzeit an einer vorbestimmten Stelle nach klar definierten Prinzipien.

Eine vom Boden abgehobene Platte und darum herum gruppierte Sitzgelegenheiten verwandeln jeden x-beliebigen Raum in einen Platz zur Nahrungsaufnahme. Einrichtungsgegenstände definieren Orte und deren Funktion. Ihre Gestaltung – Form, Proportion, Größe und Material – liefert Informationen darüber, ob ein Zimmer zur Körperpflege, zum Schlafen oder zum

Essen gedacht ist. Wenn eine zirka 90 mal 180 Zentimeter große Fläche 72–75 Zentimeter über dem Boden „schwebt" und von einer Serie von etwa 40 mal 40 Zentimeter großen waagrechten Brettchen auf vier Beinen flankiert wird, dann ortet man in unseren Breiten ein Esszimmer. Stehen mehrere solcher Möbelsets in ein und demselben Raum, dann gehen wir davon aus, in einer Gaststätte zu sein. Wo und wie man speist, ist primär eine Interpretation der vorgefundenen Ausstattung. Essmöbel müssen dabei nicht zwangsläufig in allseits umschlossenen Innenräumen angeordnet sein. Sie können auch wetterfest und aus solidem Beton oder transportabel und aus leichtem Stahlrohr im Stadtraum, entlang eines Strandes oder in den Bergen aufgestellt sein.

Der Tisch

In der Altsteinzeit begannen sich Menschen, wenn sie aßen, um das Feuer, auf dem die Speisen gegart wurden, zu gruppieren. Auf diese Weise entstanden Mahlgemeinschaften und das Prinzip, Nahrung nach gewissen Richtlinien um ein räumliches Zentrum herum zu verzehren. Heute nimmt der Esstisch jenen Platz als physischen und kulturellen Mittelpunkt ein, den ursprünglich das Feuer innehatte, und später der Herd[1].

Erste Tische wurden im alten Ägypten aus Stein gefertigt. Allerdings dienten sie nicht zum Essen, sondern als Präsentationsflächen für wertvolle Gegenstände, die nicht am Boden stehen sollten. Speisen und Getränke lud man auf größere Steinplatten, eine Art von Tablett, das man auf niedrigen Fußgestellen absetzte. Tische für die Nahrungsaufnahme entstanden erst in den antiken Mittelmeerkulturen. Sie waren aus Marmor, Holz oder Bronze, meist rund und im Vergleich zu heutigen Exemplaren klein und niedrig. So konnte man sie nach Gebrauch einfach unter das Speisesofa schieben und verschwinden lassen. Mit der Zeit vergrößerten sich die Tische, und sie wurden zunehmend rechteckig. Die RömerInnen benutzten längliche Tische mit halbrunden Stirnseiten, die sie „mensa lunata" nannten und je nach Bedarf ins Zimmer trugen.

Unser heutiges Wort Tisch leitetet sich vom lateinischen „discus" (griech. „diskos") ab, das eine Wurfscheibe, Platte oder flache Schüssel bezeichnete. Um 800 nach Christus entstanden daraus das englische Wort „dish" (Speise, Gericht, Teller, Schüssel) und das althochdeutsche „tisc". Damit meinte man allerdings keine Tische im antiken oder im heutigen Sinn, sondern kleine hölzerne Platten, die im Bedarfsfall auf Gestellen vor einzelnen Personen platziert wurden. Diese Möbelstücke dienten gleichzeitig als Tisch, Tablett und Essschüssel. Tisch und Teller waren also ursprünglich eins und trennten sich als eigenständige Objekte mit unterschiedlichen Aufgaben erst mit der Verfeinerung der Tischsitten ab dem späten Mittelalter. Noch aus dem 18. und 19. Jahrhundert sind Bauerntische bekannt, in deren hölzerne Tischplatte tellerartige Vertiefungen geschnitzt sind, sodass der Tisch auch gleichzeitig als (Suppen-)Teller fungierte[2]. Die frühmittelalterlichen Teller-Tische waren rein funktionelle Gebrauchsgegenstände; Werkzeuge und Hilfsmittel eben, die von einzelnen Personen benutzt und dann wieder verstaut wurden (was angesichts der viel beengteren Wohnverhältnisse zwingend nötig war).

Der permanent im Raum stehende, rund 75 Zentimeter hohe Esstisch ist vergleichsweise jung. Ursprünglich hielt man das Essen in der Hand oder platzierte kleine, hölzerne Platten (dish) auf Gestellen. Tisch und Gedeck waren damals eins und trennten sich als eigenständige Objekte mit unterschiedlichen Aufgaben erst ab dem späten Mittelalter.

Eine übergeordnete Bedeutung als Symbol für Gemeinschaft oder Familie besaßen sie nicht[3].

Für größere Gesellschaften legte man Bretter oder Pfosten über Böcke und verwandelte so jeden x-beliebigen Raum in ein Speisezimmer. Die Gäste nahmen oft noch auf dem Boden Platz: In seinem Parzival-Epos beschreibt Wolfram von Eschenbach im frühen 13. Jahrhundert lange, niedrige Tische, auf denen die Diener das Fleisch kniend vorschnitten[4]. Essmobiliar mussten allein schon aus Platzgründen flexibel sein, denn zu jener Zeit verfügten nur Klöster mit einem Refektorium über den Luxus eines eigenen Speisesaals. Nach dem Essen – wenn die Tafel im wahrsten Sinn des Wortes aufgehoben wurde – trug man die Platten mitsamt dem schmutzigen Geschirr und den Essensresten wieder hinaus[5]. Dieses Prozedere erfüllte auch eine soziale Funktion: Dienstboten oder Bedürftige aßen die Reste, die darauf noch übrig waren.

Mit der Erfindung des Sägewerks Ende des 14. Jahrhunderts verbesserten sich die Bearbeitungsmöglichkeiten von Holz und werteten es als Rohstoff auf. Erst im 15. Jahrhundert, als sich Zimmereien zunehmend auf den Bau von Möbeln spezialisierten (und so zu „Tischlereien" wurden), entstand der Tisch als eigenständiges Möbel. Er war nun ein permanenter Bestandteil

Der Tisch erhöht das Essen, sodass es nicht mit dem Boden, Schmutz oder Staub in Berührung kommt. Er ist ein Hygienemöbel, hat aber auch symbolische Wirkung: Der Tisch bringt das Essen den Göttern näher. Altar und Tisch sind verwandte Möbelstücke.

der Raumausstattung mit massiven, fest verzapften Einzelteilen. Formal ähnelten die Fußgestelle zwar noch den flexiblen Böcken, doch sie waren jetzt fix mit der Platte verbunden. Insgesamt gewann der Tisch an Gewicht und verlor gleichzeitig an Beweglichkeit[6].

Die Symbolik des Tisches

Tische sind zunächst keine besonderen oder bedeutenden Gegenstände, sondern einfach horizontale Ablageflächen, die durch ein Gestell vom Boden abgehoben sind. Sie dienen dazu, Gerichte und Getränke abzustellen, die so nicht mit dem Boden, dem Schmutz und dem Staub in Berührung kommen. Der Tisch ist ein Hygienemöbel, ein gesundheitserhaltender Gegenstand. Die Idee, Essen auf einer streng geometrischen, hundertprozentig horizontalen Fläche nach bestimmten Kriterien anzuordnen, beinhaltet aber mehr als das funktionale Konzept der Krankheitsvermeidung. Der Tisch ist ein Objekt, um die Nahrung symbolisch zu erhöhen. Essen wird auf ihm als sinnstiftende Tätigkeit inszeniert und ideologisch instrumentalisiert.

In der jüdisch-christlichen Kultur ist der Tisch nicht nur ein Gebrauchsgegenstand, sondern ein Mittel, um (religiöse und soziale) Inhalte zu vermitteln und gesellschaftliche Ordnungsprinzipien umzusetzen. In vielen Haushalten ist die regelmäßige Versammlung rings um den Tisch der Inbegriff eines guten und intakten Familienlebens. Als Einrichtungsobjekt stellt er gemeinsam mit den tagaus, tagein auf ihm vollzogenen Handlungen die Verbindung zu übergeordneten Werten wie Familie und Zusammengehörigkeit her[7].

Der Tisch ist die Plattform für die Mahlzeiten, die den Tagesablauf der Gemeinschaft gliedern und diese in periodischen Abständen zusammenführen. Als Einrichtungsobjekt stellt er gemeinsam mit den tagaus, tagein auf ihm vollzogenen Handlungen die Verbindung zu übergeordneten Werten wie Familie und Zusammengehörigkeit her.

Der französische Soziologe Jean-Claude Kaufmann sieht in unserem heutigen, knapp ein Meter hohen Esstisch ein Erbe des antiken Opferaltars. Die Gaben wurden auf einer künstlich angelegten Fläche vom realen, von Menschen bewirtschafteten Boden entfernt und damit in ein rituelles Universum versetzt[8]. Die zunächst niedrigen Altäre, auf denen die Opfertiere geschlachtet und zubereitet wurden, gewannen im Laufe der Zeit immer mehr an Höhe, um die Speisen den Göttern und Göttinnen möglichst nahe zu bringen und sie dem Himmel quasi „entgegenzuhieven". Da die geopferten Nahrungsmittel anschließend meist verzehrt wurden, übertrug sich die Inszenierung der Opferzeremonie allmählich auf jene des gemeinsamen Essens[9].

Die FrühchristInnen versammelten sich beim Abendmahl nach der römischen Speisetradition um einen niedrigen Tisch, auf dem sie Brot und Wein opferten und gemeinsam verzehrten. Aus diesem Möbel entwickelte sich allmählich und unter dem gestalterischen Einfluss antiker Vorbilder der christliche Altar, der erst durch die Trennung von Klerus und Laien zu einem unberührbaren Objekt wurde. Von nun an symbolisierte der Altar den Speisetisch lediglich, wurde aber nicht mehr als solcher benutzt. Er stand nicht mehr im Zentrum der Gemeinde, sondern weit weg von den Gläubigen in der Apsis der Kirche. Das Abendmahl wird seither nur noch rituell und ausschließlich vom Priester auf einer entfernten Mensa (Tisch) wie in einer Art Schauküche zelebriert.

Im Alltag übernahm später der 75 Zentimeter hohe Esstisch die spirituelle Bedeutung der frühen Abendmahls- und Opfertische und die dazugehörige Gemeinschaftssymbolik. Wann und unter welchen Umständen der hohe Esstisch entstand, ist unklar. Die Antike kannte zwar mannshohe Altäre, aber nur niedrige Speisetische. Das neue Design mit längeren Beinen knüpfte auch an die Aufgabe heidnischer (antiker) Opferstöcke an, die Speisen physisch und rituell zu erhöhen. Bis heute vollzieht sich am Tisch der identitätsstiftende Vorgang des gemeinsamen Essens, den der

Bei Tisch zu sitzen, zu essen oder zu arbeiten ist ein Ideal der westlichen Kultur. Im Zuge der Kolonialisierung entpuppte sich der Tisch als ebenso einfaches wie effizientes Mittel zum Zweck, wenn es darum ging, kulturelle Modelle von Bürokratie, Erziehung und Tischgemeinschaft global zu verankern.

christliche Altar bereits vor Jahrhunderten eingebüßt hat. Er ist die Plattform für die Mahlzeiten, die den Tagesablauf der Gemeinschaft gliedern und diese in periodischen Abständen zusammenführen[10]. „Durch seine strukturierende Materialität erzeugt es (das Möbel „Tisch") .... (täglich in der Familie wie in den Büros auf der ganzen Welt) soziale Formen, ohne dass dies den AkteurInnen bewusst wäre."[11]

Obwohl die symbolische Bedeutung des (hohen) Tisches aus der westlichen Tradition stammt, hat sie die Verhaltensweisen beim Essen auf der ganzen Welt nachhaltig geprägt. Im Zuge der Kolonialisierung entpuppte sich der Tisch als ebenso einfaches wie effizientes Mittel zum Zweck, wenn es darum ging, kulturelle Modelle von Bürokratie, Erziehung und Tischgemeinschaft global zu verankern. Der Tisch ist ein materieller Missionar der christlichen Lebensphilosophie. Auch in Kulturen, die ihr Essen traditionell an anderen Möbelstücken einnehmen, etwa in Japan, existieren heute vielfach hohe Tische, oft neben herkömmlichen niedrigen[12].

1 vgl. Morel, 2001, S. 13

2 Morel, 2001, S. 17

3 vgl. Morel, 2001, S. 16 f.

4 Enzinger, in: Kolmer HG, 2008, S. 24

5 Morel, 2001, S. 16

6 vgl. Morel, 2001, S. 16 f.

7 Kaufmann, 2006, S. 209

8 Kaufmann, 2006, S. 88

9 Kaufmann, 2006, S. 208

10 Morel, 2001, S. 13

11 Kaufmann, 2006, S. 210

12 Kaufmann, 2006, S. 89 u. S. 210

Das Sitzen auf Stühlen ist keine natürliche Position. Ursprünglich hockten Menschen mit abgewinkelten Beinen am Boden. In vielen Kulturen ist diese Körperhaltung bis heute üblich. Auch Kleinkinder benützen sie.

Der Stuhl

„Der Stuhl ist kein Hilfsmittel, um die Füße zu entlasten, sondern ein Werkzeug, das semiotische, leibliche und soziale Qualitäten formt. (…) Der Stuhl ist das Werkzeug zur Vervollkommnung des Menschen, die Sitzhaltung die rationale Form des Leibes."[1]

Sitzen ist für Menschen eigentlich eine unnatürliche und künstliche Körperhaltung. Aufgrund seiner physischen Vorrausetzungen ist der Körper eher zum Hocken geeignet als dafür, Gesäß und Oberschenkel waagrecht auf einer erhöhten Holzfläche zu platzieren. Die Spezies Homo sapiens dürfte daher auch ziemlich lang mit der Idee, am Boden zu kauern, zufrieden gewesen sein: Bis zum alten Ägypten existierten keine Sitzmöbel. Erste Stühle, auf denen allerdings nur der Pharao Platz nehmen durfte, sind aus dem alten Königreich zwischen 2686 und 2134 vor Christus bekannt[2]. Der Löwenthron des Pharaos diente jedoch nicht als Körperstütze, sondern als rituelles Objekt, das den Herrscher sinnbildlich mit der uneingeschränkten, göttlichen Macht verband. Die Könige mussten darauf in einer starren Pose mit durchgestrecktem, keinesfalls angelehntem Rücken ausharren. Die Funktion der Rückenlehne beschränkte sich auf den (symbolischen) Schutz vor Angriffen von hinten. Man kann davon ausgehen, dass den ägyptischen Königen das Hocken lieber gewesen wäre als das Sitzen. Dennoch begannen andere Privilegierte nach und nach, die aristokratische Körperhaltung zu imitieren. Wenngleich unbequem, so gewann das Sitzen als typische Pose von Oberschicht und Adel mit der Zeit an Popularität[3].

Im Laufe der Antike verdrängte das Sitzen allmählich das Hocken auf dem Boden und setzte sich auch in anderen Bevölkerungsschichten durch. Der drei- oder vierbeinige Hocker wurde zum mediterranen Massenphänomen. Er erhöhte Kopf und Augen in der Ruhehaltung um etwa 40 Zentimeter, verschaffte den BenutzerInnen dadurch mehr Überblick und brachte sie den himmlischen Göttern und Göttinnen ein Stück näher. Den Herrschenden vorbehalten blieb weiterhin die Rückenlehne. Der griechische Thron hatte ähnlich wie die ägyptischen Vorläufer eine Rückenstütze, Armlehnen, Tierbeine und -füße, und er war für Götter und Göttinnen, Staatsoberhäupter und hohe WürdenträgerInnen reserviert. Die Benutzung unterschiedlicher Sitzgelegenheiten stellte auch die Hierarchie zwischen den Geschlechtern klar: Während adelige Männer wie die Götter und Göttinnen

Die Benutzung eines Stuhls symbolisierte Herrschaft. Seine Größe und Ausführung demonstrierten die Macht der – im wahrsten Sinne des Wortes – BesitzerInnen. Mitte des 18. Jahrhunderts führe der französische König Ludwig XV. ein präzises System von Stuhltypen, Verhaltensregeln und Posen ein. Diese Sitz- und Benimmregeln bilden bis heute die Grundlage der sogenannten Etikette.

auf Thronen saßen, mussten adelige Frauen ohne Rückenlehne sitzen[4]. So werden Gestaltungselemente von Gegenständen geschickt genutzt, um gesellschaftliche Ordnungsprinzipien im Alltag umzusetzen.

Auch die RömerInnen, die im Wesentlichen die ägyptischen und griechischen Sitzmöbel übernahmen, hatten ein hierarchisch geprägtes Verhältnis zum Stuhl. Sessel im heutigen Sinn wie die Cathedra mit einer gebogenen Rückenlehne waren wenig verbreitet und anfangs den Cäsaren vorbehalten. Gegessen haben aber auch – oder gerade – die Herrscher im Liegen. Eines der populärsten römischen Möbel war das sogenannte „lectus", ein Vorläufer der heutigen Chaiselongue. Dieses Sofa wurde zum Ausspannen, zur Konversation und vor allem bei Ess- und Trinkgelagen verwendet[5]. Römische Männer – und nur diese – ließen sich zum Essen auf einem „lectus triclinaris" (Speisesofa) nieder (lat. „accumbare"), wobei immer drei gemeinsam auf einer Liege Platz fanden. Wiederum drei solcher Sofas wurden hufeisenförmig um einen niedrigen Tisch, die „mensa", gruppiert. Durch diese fixe Anordnung konnten maximal neun Männer gleichzeitig eine Tischgemeinschaft bilden. Frauen, Sklaven und Sklavinnen war die Benützung der Speiseliegen nicht gestattet. Sie saßen auf Hockern, Klappstühlen (ohne Lehnen) oder mussten während des Essens überhaupt stehen. Allerdings aßen die RömerInnen vor allem in der Frühzeit und in der Unterschicht sowie je nach Anlass auch sitzend, was durch entsprechende Funde von Gaststätten belegt ist[6].

Die herrschenden Klassen des Mittelalters führten die antike Idee, Rang und Stand durch entsprechende Sitzgelegenheiten zu differenzieren, fort. Die Benutzung eines Stuhls symbolisierte Herrschaft, seine Größe und seine Ausführung demonstrierten die Macht der – im wahrsten Sinne des Wortes – BesitzerInnen. Die Gepflogenheiten des Adels, ständig durch die Pfalzen zu reisen, limitierten allerdings das Ausmaß, das Gewicht und das Design der repräsentativen Throne, die ja überallhin mitgeführt werden mussten[7]. „Der Rest der Welt" ließ sich auf hölzernen Bänken ohne Lehne nieder, teilweise war der Stuhl überhaupt unbekannt. Die Menschen des Mittelalters nahmen überall Platz, wo es gerade gelegen kam: auf Truhen, Kisten, Hockern, Kissen, Simsen oder einfach am Boden[8]. Daran änderte auch die Renaissance wenig: Selbst reiche Haushalte waren kaum möbliert. Erst in der Barockzeit etablierte sich der Stuhl in adeligen Kreisen als permanenter Einrichtungsgegenstand. Zwar durften bei Hof alle sitzen, sie mussten dies aber nach den strengen Regeln des offiziellen Zeremoniells tun. Mitte des 18. Jahrhunderts hatte der französische König Ludwig XV. ein präzises System von Stuhltypen, Verhaltensregeln und Posen eingeführt. Die Gestaltung des Stuhls drückte dabei den Rang des/der BesitzerIn aus: Größe, Gewicht, handwerkliche Ausführung, Höhe und Breite der Rückenlehne sowie die Armlehnen waren dabei von Bedeutung. Diese Sitz-, Benimm- und Körperhaltungsregeln bilden bis heute den Grundstein der sogenannten Etikette[9]. Im Büroalltag, wo ManagerInnen oft vor schulterhohen Lederlehnen thronen, während der Mittelbau auf billigen Kunststoffschalen Platz nehmen muss, die nur bis zur Mitte des Rückgrats reichen, stellen unterschiedliche Stuhlqualitäten nach wie vor den Rang der jeweiligen Person innerhalb des Unternehmens klar.

Später eignete sich das Bürgertum die Praxis, auf Stühlen zu sitzen, an und läutete damit ihre umfassende Verbreitung in allen Bevölkerungsschichten ein. Die Ausübung der ehemals aristokratischen Sitzposition verstand man als Zeichen des Aufbegehrens gegenüber der (adeligen) Obrigkeit. Quasi aus politischen Gründen setzten sich die BürgerInnen auf den einst für sie

Der Stuhl als Sitzinstrument ist Ausdrucksmittel einer bestimmten körperlichen und geistigen Haltung. Stuhl ist nicht gleich Stuhl. Je nach Kontext sind Ess-, Arbeits- Konferenz- oder Kirchenstühle unterschiedlich gestaltet, obwohl alle zum gleichen Zweck, nämlich zum „Besitzen" gedacht sind.

verbotenen Stuhl, um mit dieser Haltung eine gleichberechtigte Stellung innerhalb der Gesellschaft einzufordern. Gleichzeitig benutzten aber auch sie den Stuhl als Mittel, um sich von ihren Dienstboten und den niederen Ständen abzugrenzen[10].

Ab der Moderne etablierte sich der Stuhl als beliebteste Sitzgelegenheit der westlichen Welt. Beim Essen, bei Arbeiten aller Art und in fast allen Transportmitteln lassen wir uns auf Sitzen nieder – und in dieser Stellung sogar festschnallen. Nach mehr als 4000 Jahren ist die Pose des antiken Thronens als allgemein anerkannte und mehrheitlich eingenommene Körperhaltung aus unserem Alltag nicht mehr wegzudenken, und sie durchdringt mittlerweile so gut wie alle Kulturen. Tatami-Matten in Kyoto werden genauso durch Stühle ersetzt wie handgeknüpfte Teppiche in Katar. In Japan treibt die europäische Sitzhaltung mitunter seltsame Blüten. Traditionelle Restaurants bieten zwar Tatamimatten und niedrige Tische an, doch finden sich unter diesen etwa 40 Zentimeter tiefe, exakt der Tischgröße entsprechende Vertiefungen, in die man die Füße stellen kann. Kombiniert mit Kissen und transportablen Rückenlehnen nehmen die Gäste die westliche Sitzhaltung ein, ohne den äußeren Anschein eines traditionellen, japanischen Ambientes zu zerstören. Einzig und allein die Servierdamen knien am Boden, wenn sie die Speisen einstellen oder Sake einschenken.

Die Symbolik des Stuhls

„Nach katholischer Anschauung gilt der Papst als Inhaber des Heiligen Stuhls nur dann als unfehlbar, wenn er ex cathedra, also sitzend, vom Thronsitz des heiligen Petrus aus, spricht."[11]

Der Einsatz des Stuhls als Machtobjekt ist eng mit der Entwicklung des Patriarchats verbunden. Das Sitzen auf ihm war von Anfang an zumeist den Männern vorbehalten und wurde als Symbol für deren Autorität und Vormachtstellung verstanden. Die Einführung erster Sitzgelegenheiten in Form des Throns läutete die Ablöse der matriarchalischen Weltordnung ein[12]. Das Symbol des nomadischen, weiblichen Weltbilds war die auf dem Boden hockende (und gebärende) Urmutter. Sie war dem fruchtbaren Erdboden im wörtlichen wie im übertragenen Sinn sehr nahe. Der Stuhl dagegen erhob die darauf thronenden Männer physisch wie symbolisch über das auf der Erde kauernde Matriarchat[13]. Mythologisch betrachtet wird mit der Einführung des Throns der

kosmische Schoß der Urmutter in die Höhe gehoben und dem herrschenden Mann übertragen[14]. In unserem Sprachgebrauch ist der Stuhl bis heute ein Symbol für männliche Herrschaft und wird als solcher, zum Beispiel in Form des Heiligen Stuhls, ausschließlich oder aufgrund der Rahmenbedingungen vornehmlich, wie im Fall des Aufsichtsratsvorsitzes, von einem Mann besessen.

Wenn Möbel und die Art ihrer Verwendung unter anderem dazu dienen, Machtpositionen festzulegen und die Gesellschaft zu strukturieren, so ist auch der Stuhl als Sitzinstrument Ausdrucksmittel einer bestimmten körperlichen und geistigen Haltung[15]. Ähnlich wie die Einführung des individuellen Gedecks bewirkt auch das Sitzen auf Sesseln eine Distanz zu den TischgenossInnen – und eine räumliche Fixierung innerhalb der Gemeinschaft. Wer sitzt, bewegt sich nicht fort. Während Hocken und das Sitzen am Boden vielerlei Berührungsmöglichkeiten mit dem oder der SitznachbarIn bieten, sind diese beim Sitzen auf Sesseln stark eingeschränkt. Ein Großteil des Körpers wird auf einem Sessel auf Distanz zu den Umsitzenden gehalten[16]. „Die Geschlechtsorgane sind im Winkel, den Schenkel und Oberkörper bilden, verborgen und durch das Sitzbrett von unten abgeschirmt. Jeder sitzt auf seiner individuellen, von denen der Anderen isolierten Ebene. Indem Stühle hautnahen Kontakt verhindern, wird im Sitzen die Möglichkeit zur Herstellung intimer Nähe aufgegeben."[17]

Stühle und die Art, wie sie arrangiert sind, weisen ihren BenutzerInnen eine fixe Position im Verhältnis zu den anderen TischgenossInnen zu und erfordern die Einnahme einer standardisierten Körperhaltung. Die Einladung, auf einem Stuhl Platz zu

Sitzen muss nicht unbedingt bequem sein. Ausgerechnet die Stühle zum Essen sind eher ungemütlich.

nehmen, bedeutet, dies nach ganz bestimmten Regeln zu tun. Wer den ungeschriebenen Gesetzen der Stuhlbenützung nicht gehorcht, und sich beispielsweise mit dem Rücken zum Tisch oder auf die Stuhllehne setzt, wird nicht lange Mitglied der Tischgemeinschaft bleiben. Diese Gebrauchsanweisungen müssen ebenso wie die zu ihrer Durchführung nötige Körperbeherrschung erlernt werden. Das Hocken auf Teppichen kann genauso schwierig sein, wie das Knien auf Strohmatten oder das Sitzen auf vierbeinigen Stühlen, und dürfte je nach Übung und Gewohnheit als enorme körperliche Anstrengung empfunden werden.

Ein bequemes Möbel, um sich entspannt niederzulassen, war der Stuhl ohnehin nie. Ganz im Gegenteil, das Sitzen wurde als körperliche Fähigkeit und Anstrengung betrachtet. Die Bewegungslust musste (und muss) beim Sitzen unterdrückt, ihre erfolgreiche Bekämpfung mühsam trainiert werden[18]. „Das Sitzen ist eine sozial differenzierende Tätigkeit, die den leiblichen Bedürfnissen entgegensteht. Es enthebt den König oder andere privilegierte Personen der persönlichen Bequemlichkeit und teilt ihnen zeitgleich überpersönliche, gesellschaftliche Funktionen, Positionen und Aufgaben zu."[19]

Sitzen heißt, den Körper zu beherrschen. Mit dem Befehl „Bleib sitzen!" verbieten Eltern ihren Kindern, den Körper beim Essen frei zu bewegen. Wenige Monate alte Babys werden in Hochstühle geschnallt und für die Dauer einer Mahlzeit zu einer mehr oder weniger starren Haltung gezwungen. Einige Jahre später folgt die Aufforderung: „Sitz gerade!" Das Kind nimmt mittlerweile auf viel zu großen Erwachsenenstühlen Platz. Der Stuhl ist Ausdruck jenes Anspruches, beim Essen den Leib zu kontrollieren und den Drang nach Bewegung zu bezwingen. Der Stuhl befiehlt (lustlose) Haltung.

Es ist sicher kein Zufall, dass sich die verstellbare Rückenlehne, die 1969 vom deutschen Designer Rainer Bohl entwickelte wurde, bis heute nur beim Bürostuhl durchgesetzt hat. Das Design jener Stühle, die man zum Essen benutzt, muss Kontinuität, Immobilität und eine gewisse Schwere, die den BenutzerInnen Sicherheit vermittelt, ausstrahlen. Flexibilität in Form von schwingenden Lehnen, schwenkbaren Sitzflächen oder Möbelrädern sind bei Essstühlen nicht erwünscht. So konnte auch der sogenannte „Freischwinger", ein stählerner Stuhl ohne Hinterbeine, der von Mart Stam entwickelt und von Marcel Breuer perfektioniert wurde, den starren Speisestuhl mit fixer Rückwand nicht verdrängen.

1 Eickhoff, 1993, S. 149

2 Miller, 2010, S. 11

3 Eickhoff, 1993, S. 28 u. S. 35

4 Eickhoff, 1993, S. 51

5 Miller, 2010, S. 12–13

6 Eidam, Grotkamp-Schepers, Heise, Schepers, 2008, S. 58

7 Miller, 2010, S. 14

8 Kaufmann, 2006, S. 209

9 Eickhoff, 1993, S. 152

10 vgl. Eickhoff, 1993, S. 151 u. S. 176

11 Eickhoff, 1993, S. 89

12 Eickhoff, 1993, S. 33–34

13 Eickhoff, 1993, S. 26–27

14 Eickhoff, 1993, S. 31

15 Eickhoff, 1993, S. 45 u. S. 176

16 Eickhoff, 1993, S. 172

17 Eickhoff, 1993, S. 172

18 Eickhoff, 1993, S. 32

19 Eickhoff, 1993, S. 39

Kredenz, Anrichte und Geschirrvitrine

Nicht nur auf dem Teller wird das Essen nach ästhetischen Prinzipien dargeboten. Auch Anrichten oder Buffets präsentieren das Essen. Während sich die Anrichte aus einem Beistelltisch entwickelte, entstand das Buffet (auch Sideboard) aus der Truhe. Eine sargähnliche Kiste wurde auf vier Beine gestellt und als Präsentationsfläche für Dekorationsgegenstände oder Speisen verwendet. Oft diente die längliche Fläche zum Aufstellen verschiedener Schnapsflaschen, eines Blumenstraußes oder aller für eine Mahlzeit vorbereiteten Gerichte. Die Gäste mussten sich davon selbst bedienen, und so verlieh das Möbelstück auch dieser Serviermethode ihren Namen. Heute sind Supermärkte und Feinkostläden so etwas wie die Anrichten der Gesellschaft.

Neben Tisch und Stuhl kennt das Esszimmer noch weitere traditionelle Einrichtungsgegenstände, zum Beispiel die Kredenz. Ursprünglich diente sie als Beistelltisch bei Hof, an dem der Vorkoster das Essen für den Fürsten und die Fürstin überprüfte und freigab (lat. „credere" oder ital. „fa credenza" = glauben, vertrauen). In der Kirche ist die Kredenz bis heute ein kleiner, mit einem weißen Leinentuch bedeckter Tisch, der seitlich neben dem Altar steht. Vor dem Gottesdienst deckt der Mesner dort die katholischen Speisegeräte – Kelch, Messkännchen, Lavabotablett und Lavabotuch – auf. Während der Eucharistie fungieren die MinistrantInnen als KellnerInnen und servieren dem Priester von der Kredenz aus Wasser und Wein[1].

Bis zur Einführung des Bestecks bildete auch das sogenannte Gießfasskensterlein einen fixen Bestandteil des Speisemobiliars. Im Mittelalter, als man noch mit den Fingern aß, war eine Waschgelegenheit unmittelbar neben dem Essplatz unabdingbar, um die Hände vor und nach dem Essen zu säubern. Das Gießfasskensterlein bestand aus einem Frischwasserbehälter, dem Gießfass mit Hahn, einem Handbecken und einem Eimer für das schmutzige Wasser, wobei alle diese Elemente in ein gemeinsames Möbelstück integriert waren[2].

Ab dem 16. Jahrhundert bildete sich aus der Kredenz, dem Gießfasskensterlein und dem Geschirrregal ein neues, kombiniertes Möbel – die Anrichte. Sie entwickelte sich im Laufe der Zeit von einer einfachen Ablagefläche zum Vorschneiden der Speisen hin zu einer mehrstufigen, mit Tüchern ausgelegten Schaustellage. Das Waschbecken verschwand vermutlich mit der Einführung des Bestecks, stattdessen nutzte man den Platz zur Präsentation von kostbarem Geschirr. Vom späten Mittelalter bis zur Aufklärung zeigte die Schaustellage – und was darauf präsentiert wurde – den sozialen Status des Hauses an. Seine Gestaltung, vor allem die Anzahl der stufenartig übereinander angeordneten Stellagen, war dem Hofrecht unterworfen und folgte strengen Regeln[3].

Das Schaubuffet

Der Vorläufer der Esszimmervitrine, das Schaubuffet, hatte bei öffentlichen Anlässen die Aufgabe, den gesellschaftlichen Rang seines Besitzers oder seiner Besitzerin darzustellen. Adelige ließen ihr wertvolles Geschirr von einer Krönung zur nächsten karren, um ihren Reichtum zu präsentieren. Die reisefähigen Paradestellagen des Hochadels waren ein Macht- und Herrschaftssymbol und bildeten einen fixen Teil des Zeremoniells von Staatsbanketten. Die Idee, Geschirr repräsentativ auszustellen – auch wenn es nicht sehr kostbar ist –, hat sich als Esszimmerdekoration bis heute erhalten. Verglaste Geschirrschränke im Speisezimmer gehören zur Standardausstattung des bürgerlichen Haushalts.

Bei öffentlichen Auftritten hatte die Schaustellage die Aufgabe, den gesellschaftlichen Rang seines Besitzers oder seiner Besitzerin für alle sichtbar darzustellen[4]. Das Porzellan von Fürstenhöfen und Kaiserhäusern wurde deshalb von einer Krönung zur nächsten Beerdigung gekarrt, um aller Welt zu zeigen, wer wirklich besitzt – und wer eben nicht. Die reisefähigen Paradestellagen des Hochadels waren ein Macht- und Herrschaftssymbol und bildeten einen fixen Teil des Zeremoniells von Staatsbanketten. Die Gerüste dafür konnten rasch auf- und abgebaut werden, das darauf platzierte Tafelgeschirr wurde oft auch vor Ort extra zu diesem Zweck ausgeliehen. Tatsächlich gegessen wurde von den teuren Tellern so gut wie nie. Der englische Hof pflegte die Sitte der Schaustellage sogar bis um 1850, danach ging man dazu über, die wertvollen Porzellanstücke in die Tischdekoration zu integrieren[5].

Im frühen 19. Jahrhundert wurde die Schaustellage verglast und mutierte zur Vitrine. Die Idee, Geschirr repräsentativ auszustellen – auch wenn es nicht sehr kostbar ist –, hat sich als Esszimmerdekoration bis heute erhalten. Verglaste Geschirrschränke im Speisezimmer gehören zur Standardausstattung des bürgerlichen Haushalts – auch wenn aus ihnen bloß Ikea-Porzellan lacht[6]. Und weil auch heute viele Geschirrteile keine Gebrauchsgegenstände, sondern eher Dekorations- oder Sammlerstücke sind, deren Wert ähnlich wie bei einem Gemälde im Besitz und nicht in der Verwendung liegt, hat die Geschirrvitrine im Esszimmer heute genauso ihre Berechtigung wie das Schaubuffet der Fürsten- und Kaiserhöfe.

1 Witt-Dörring, in: Hürlimann, Reininghaus, 1996, S. 59
2 Morel, 2001, S. 17
3 Morel, 2001, S. 20 u. S. 88–90
4 Witt-Dörring, in: Hürlimann, Reininghaus, 1996, S. 59
5 Morel, 2001, S. 90–93
6 Witt-Dörring, in: Hürlimann, Reininghaus, 1996, S. 59

NOMADIC
Yogurt OATS

Erst die Kombination aus Tisch und Stuhl macht aus den beiden Einrichtungsgegenständen Möbel zum Essen.

Tisch und Stuhl

Tisch und Stuhl bildeten nicht immer ein fixes Einrichtungsensemble. Der Esstisch mit permanent darum herumgruppierten Stühlen setzte sich in Europa erst im 18. Jahrhundert durch[1]. Davor wurden Bänke und Hocker aller Art kurz vor dem Essen zum Tisch gestellt und danach wieder weggeräumt. Noch am Anfang des 19. Jahrhunderts war es in Großbritannien üblich, Stühle im Esszimmer entlang der Wände aufzureihen und erst am Beginn der Mahlzeit zum Tisch zu tragen. Der extrem leichte Windsor-Stuhl verdankt seinen weltweiten Erfolg diesem Prozedere, denn er konnte einfach von einer Person durch den Raum transportiert werden.

Heute besitzen die meisten Haushalte zu jedem Esstisch eine Garnitur passender Stühle, die dauerhaft und symmetrisch um ihn herum angeordnet sind. Die Benutzung dieser beiden Einrichtungsgegenstände formalisiert den Akt der Nahrungsaufnahme, indem sie den Körper in eine fixe Position drängt. Der von den Möbeln vorgegebene Verhaltenskodex ist auch der Sicherheit zuträglich: Er akkordiert das Verhalten aller TeilnehmerInnen, verhindert schnelle Bewegungen und stellt sicher, dass die Mahlzeit nach einem allen Beteiligten bekannten Muster abläuft. Selbst AstronautInnen der internationalen Raumstation ISS nehmen eine Sitzposition ein und heften ihr Essen mit Klettverschlüssen an einen Tisch, um trotz Schwerelosigkeit nach irdischem Vorbild speisen zu können.

Tisch und Stuhl ordnen

Die Essgruppe aus Tisch und Stühlen ist Ausdruck von Sesshaftigkeit und verleiht, zumal in ungewohnten Situationen wie im Weltall, Sicherheit. Im Gegensatz zu Bürotischen oder Campingmöbeln strahlen Speisemöbel eine besondere Schwere aus. Für Mahlzeiten vorgesehene Tische haben im Regelfall keine Rollen, sind nicht höhenverstellbar, und sie werden selten verschoben. Ebenso wie die Essenden selbst, wechselt auch das Mobiliar während der Mahlzeit nicht den Ort.

Zudem teilt der Tisch den Raum in zwei Bereiche. Oberhalb der 75 Zentimeter hohen Tischplatte findet ein ritueller Akt nach strikten Regeln statt. Werkzeuge und Speisen werden nach räumlichen und zeitlichen Ordnungsprinzipien arrangiert und benutzt. Die Bewegungsabläufe der TeilnehmerInnen entsprechen strikten

Eine Tafel ordnet die Tischgemeinschaft nach hierarchischen Prinzipien. Während bei einem runden Tisch alle Sitzplätze gleichwertig sind, haben rechteckige Tische einen Vorsitz. Je näher man bei diesem platziert ist, desto höher sind Rang und Wertschätzung, die einem entgegengebracht werden.

Choreografien, die von Kindesbeinen an trainiert werden. Was dagegen unter dem Tisch passiert, entzieht sich den Augen der Gemeinschaft und ist kaum reglementiert. Nackte Tatsachen dürfen sprichwörtlich oft nicht auf den Tisch gelegt, Probleme oder Schmutz wohl aber unter den Tisch gekehrt werden.

Tisch und Stuhl strukturieren die Gruppe und stellen Hierarchien klar. Die Form des Tisches dient auch dazu, dem internen Gefüge der Gruppe Ausdruck zu verleihen und die Machtverhältnisse darzustellen. Während bei einem runden Tisch alle Sitzplätze gleichwertig sind, haben rechteckige Tische einen Vorsitz. Schon in Wolfram von Eschenbachs Parzival (um 1200) saß der Hausherr am Tischhaupt. Auch klösterliche Gemeinschaften nutzten die gliedernde Wirkung des länglichen Tisches, an dem sich die Brüder nach Rang und Alter „auffädelten". Der Abt saß am Haupt, der älteste Mönch direkt daneben am ersten Platz der Längsseite. Verstarb ein Bruder, rückte der nächste nach[2].

Die Zuteilung des Sitzplatzes erfolgt nach der jeweiligen Stellung innerhalb der Gruppe und hängt von Geschlecht, Alter, Rang, Stand et cetera ab. Bei Staatsbanketten erstellen eigene Protokollabteilungen die Sitzpläne, im Privatbereich geben Benimmbücher Auskunft über die Sitzordnung bei Hochzeiten, Beerdigungen oder anderen Anlässen. Traditionell übernehmen der Herrscher, der Chef, der „nährende" Vater oder ein Ehrengast bei Tisch den Vorsitz. Doch auch die Mitte der Längsseite kann ein besonderer Platz sein, den zum Beispiel bei Hochzeiten gerne das Brautpaar einnimmt. Auch auf Darstellungen des Letzten Abendmahls sitzt Jesus oft in der Mitte der Tafel.

Runde Tische dagegen haben keine Richtung. Der Legende nach versammelte König Artus seine untereinander zerstrittenen Ritter bewusst an einer runden Tafel, um Diskussionen zur Tischordnung zu vermeiden und keinen von ihnen zu bevorzugen oder zu benachteiligen. Jeder Einzelne sollte einen gleichwertigen Platz besetzen – beim Essen wie in der Gemeinschaft. Durchgesetzt hat sich die demokratische, runde Tischform nicht, vermutlich auch aufgrund ihrer mangelnden Funktionalität. Rechteckige Platten bieten allein schon deshalb Vorteile, weil sich Einzeltische beliebiger Zahl aneinanderreihen lassen. Und naturgemäß lassen sich in rechtwinkelige Esszimmer und Speisesäle ebensolche Tische besser anordnen als ihre runden Pendants.

1 Kaufmann, 2006, S. 89 u. S. 209

2 vgl. Moulin, 2002, S. 187f

Räume zum Essen

ÖZGÜR BÜFE

Räume zum Essen

Beim Essen hegen Menschen Vorlieben für bestimmte Orte, während sie andere meiden. In Europa nehmen wir unsere Nahrung in Speise- und Wohnzimmern, in Küchen, Restaurants, Wirtshäusern, Imbissbuden, Kantinen, Speisewägen und Raststätten, in Gastgärten, auf Terrassen, Wiesen und Waldlichtungen zu uns. An anderen Orten ist der Verzehr von Nahrung dagegen unangenehm. Essen im Auto oder in öffentlichen Verkehrsmitteln oder am Arbeitsplatz wird als notwendiges Übel gesehen, das satt macht, nicht gerade gesund ist und wenig Genuss mit sich bringt. Während riesige Fabrikskantinen mit ihrem funktionalen Ambiente als steril und ungemütlich gelten, pilgern hungrige KundInnen oft und gern in die licht- und luftlosen Selbstbedienungsrestaurants von Einkaufszentren und Möbeldiskontern.

Welche Anforderungen stellen wir an Räume, in denen wir essen? Warum scheint ein Platz geeigneter als ein anderer? Und welche Regeln stecken hinter der Auswahl von Orten zum Essen?

Viele Tiere bringen ihre Jagdbeute in ihren Bau, ihr Nest oder ihre Höhle, um ungestört zu fressen. Diese Rückzugsorte

sind Vorratskammern und Sicherheitsposten zugleich. Um sich ganz dem Fressen widmen zu können, wählen sie Räume, die möglichst wenig Wachsamkeit und Verteidigungsbereitschaft einfordern. Auch Menschen ziehen sich zur Nahrungsaufnahme gerne an sichere Orte zurück. In Lokalen sind jene Tische, die an der Wand stehen und am weitesten von der Tür entfernt sind, als Erstes besetzt. Sie bieten Schutz und Überblick in gleichem Maß.

Von Essräumen erwarten wir Geborgenheit, Gemütlichkeit und Sauberkeit. Wir lieben ein Ambiente, das keinen Handlungsbedarf einfordert, sodass wir uns entspannen und die volle Aufmerksamkeit dem Genuss des Essens widmen können. Schmutz, Staub, Hektik, grelles Licht, Hitze oder Kälte, schlechte Gerüche oder Lärm hindern uns daran, in Ruhe zu essen.

Von Essräumen erwarten wir Geborgenheit, Gemütlichkeit und Sauberkeit. Wir lieben ein Ambiente, das keinen Handlungsbedarf einfordert, sodass wir uns entspannen und die volle Aufmerksamkeit dem Genuss des Essens widmen können. Schmutz, Staub, Hektik, grelles Licht, Hitze oder Kälte, schlechte Gerüche oder Lärm hindern uns daran, in Ruhe zu essen.

Anhand gesellschaftlicher Vorgaben haben wir gelernt zu unterscheiden, welche Räume zum Essen infrage kommen und welche nicht. Den Genuss eines Burgers, Döners oder Kebabs in der U-Bahn oder einer Kirche empfinden manche als deplatziert. In öffentlichen Gebäuden wie Gerichtssälen, Geschäften oder Kulturstätten ist der Verzehr von Speisen und Getränken oft ausdrücklich untersagt, in vielen Städten auch in den öffentlichen Verkehrsmitteln. Wenn das Publikum großer Opernhäuser heute ehrfürchtig und mucksmäuschenstill jede einzelne Note verfolgt, so kann man sich kaum vorstellen, dass in der Barockzeit während der Aufführungen lauthals gegessen, getrunken und gescherzt wurde. Die Regeln, wo man sich niederlassen und seine Nahrung zu sich nehmen darf, sind eine Frage der Konvention und der Situation – und ständigem Wandel unterworfen. In bürgerlichen Kreisen ist der Verzehr von Speisen im Schlafzimmer eigentlich verpönt. Nur Kranke und Taugenichtse essen im Bett. Sich am Muttertag oder im Hotel ein Frühstück ans Bett bringen zu lassen, gilt hingegen als besonderer Luxus.

Je nach Kultur und Stand werden Räume in ihrer Größe und Proportion sowie durch die Positionierung im häuslichen Umfeld explizit für die Nahrungsaufnahme gestaltet. Aus- und Einblicke werden inszeniert, Materialien, Farben und Beleuchtung sorgfältig ausgewählt. Die Idee, jene Räume, die zur Einnahme der Mahlzeiten gedacht sind, speziell zu dekorieren, ist nichts Neues. Gottfried von Straßburg beschreibt in seinem Tristan-Roman (um 1210) ein Diner von König Artus. Dafür wurden die Wände des Saales mit goldgemusterten Teppichen behängt, der Fußboden mit kostbaren Seidenteppichen belegt und mit Rosenblättern bestreut[1]. Welche Materialien und Oberflächen uns beim Essen

Das Arrangement von Essen im Raum ist seit Jahrhunderten ein Thema. Schon Römische Gelage wurden auf die Architektur abgestimmt. RenaissancefürstInnen beauftragten KünstlerInnen mit der Gestaltung von Festen, die optisch zu ihren Palästen oder Gärten passten. Heute arbeiten Spitzenköche wie Ferran Adrià, Heston Blumenthal oder die Gebrüder Rocca mit WissenschaftlerInnen und DesignerInnen zusammen, um die perfekte Symbiose von Essen und Raum zu erreichen.

umgeben, ob diese weich oder glatt sind, und in welcher Weise sie Schall reflektieren, verändert nicht nur die Atmosphäre des Raumes und damit unsere Stimmung, sondern auch die Wahrnehmung des Essens. Ein und dasselbe Gericht schmeckt anders, je nachdem in welcher Umgebung es eingenommen wird, ein Umstand, mit dem schon die italienischen Futuristen spielten und mit dem heute Spitzenköche wie Heston Blumenthal arbeiten[2].

1 Enzinger, in: Kolmer HG, 2008, S. 24

2 Spence, 2018, S. 301ff.

3 Holzhey, 2009, S. 13; Beil, 2002, S. 38 ff.

Futurismus

Der Futurismus war eine von Italien ausgehende Kunstbewegung mit dem Anspruch, eine alle Kunstbereiche (auch das Kochen und Essen) umfassende, neue Kultur zu schaffen. Der Gründer der Futuristen, Filippo Tommaso Marinetti (1876–1944), ursprünglich Schriftsteller und später faschistischer Politiker, veröffentlichte 1930 in Turin das „Manifest der futuristischen Küche". Die Futuristen stellten die Esskultur radikal infrage, weswegen sie bis heute in der Kulinarik immer wieder als Inspiration dienen, obwohl die künstlerisch-kulinarischen Projekte der Futuristen vor allem der Provokation und Selbstdarstellung dienten. Ziel der Futuristen war eine gesellschaftliche Revolution mit faschistischer Ausrichtung. Fortschritt, Maschinisierung, Gewalt und Krieg wurden verherrlicht. 1918 gründete Marinetti die futuristische Partei, die 1909 in der faschistischen Partei Italiens aufging[3].

Das Esszimmer

Die älteste Form, an einem ausgewählten Ort zusammenzusitzen und zu essen, ist das Lagerfeuer. Um die Kochstelle unter freiem Himmel wurden später Überdachungen, Hütten und ganze Gebäude errichtet. Gegessen wurde direkt beim Herd, der jahrtausendelang den Mittelpunkt des Wohnhauses bildete – im bäuerlichen Umfeld sogar bis in die allerjüngste Vergangenheit[1]. Fernab der Küche einen eigenen Raum einzurichten, der ausschließlich zum Essen diente, war eine Idee der Aristokratie. Sie verfügte auch über entsprechend viel Personal, um die Gerichte von der Küche in den Speisesaal zu transportieren.

Vorläufer des abendländischen Esszimmers ist das griechische „andron" („Männergemach"), ein repräsentativer Raum in adeligen Häusern, in dem die Männer ihre Symposien abhielten. Während dieser Abendgesellschaften lagerten die Beteiligten nach orientalischem Vorbild auf einer Art Bett („kliné"), wo sie diskutierten und sich unterhalten ließen. Im Zentrum des „andron" stand kein Tisch, sondern der Mischkessel, aus dem der Wein geschöpft wurde[2].

Das klassische römische Haus verfügte über kein ausgewiesenes Speisezimmer. Man aß im überdachten Innenhof, dem Atrium. Bei größeren Gesellschaften wurde je nach Anlass ein Raum ausgewählt und entsprechend dekoriert. Später übernahm, wer es sich leisten konnte, die griechischen Tischsitten und richtete ein eigenes Esszimmer, das sogenannte „triclinium", ein[3]. Ärmere Leute vor allem in den großen Städten aßen dagegen

Fernab der Küche einen eigenen Raum nur zum Essen einzurichten, ist eine sehr luxuriöse Idee. Lange Zeit gab es keine Esszimmer. Der Rittersaal zum Beispiel war multifunktional. Zum Essen wurden Platten auf Böcke gelegt und darauf serviert. War die Mahlzeit zu Ende, wurde die Tafel im wahrsten Sinne des Wortes aufgehoben und hinausgetragen. Der Saal konnte danach zum Tanzen und später zum Schlafen verwendet werden. Als erste begannen Klöster damit, eigene Esszimmer einzurichten. Refektorien dienten ausschließlich dem gemeinsamen Essen und verfügten über einen fixen Esstisch.

Im Esszimmer stehen Möbelstücke, die üblicherweise ausschließlich zum Essen benützt werden. Nach bürgerlichen Konventionen wird am Esstisch nicht gearbeitet und am Arbeitstisch nicht gegessen. Somit steht der Esstisch als symbolisches Zentrum des Haushalts die meiste Zeit leer und dient höchstens als Abstellfläche für Dekorationsgegenstände oder Blumen.

mehr oder weniger auf der Straße. Die einfachen Wohnungen in den Mietshäusern besaßen weder ein Esszimmer noch eine Kochgelegenheit. Ihre BewohnerInnen waren auf Garküchen und Imbissstuben angewiesen und konsumierten das dort Erworbene vermutlich oft einfach auf der Gasse[4]. Die ganze Stadt war ein Speisesaal.

In spätrömischer Zeit entstand neben den Esszimmern der feinen Gesellschaft eine neue Art von Speiseraum, und zwar in Klöstern. Vermutlich besaß bereits das von Pachomios 325 nach Christus bei Tabennisi in Oberägypten gegründete Kloster, in dem die Brüder erstmals gemeinsam unter einem Dach lebten, ein sogenanntes Refektorium (lat.= Speise- und Erholungsraum). Architektonisch unterschieden sich die Refektorien, die oft im Erdgeschoß direkt neben dem Kreuzgang angeordnet wurden, relativ wenig von den übrigen Räumen. Jedoch erfüllten sie nur einen einzigen Zweck: Sie wurden ausschließlich zur Nahrungsaufnahme benutzt. Essen, Schlafen, Arbeiten und Beten wurde zeitlich und räumlich voneinander unterschieden. Diese Trennung blieb gegenüber den multifunktionalen Räumen in profanen Gebäuden über Jahrhunderte hinweg einzigartig. Erst ab dem 18. Jahrhundert werden die Räume in den bürgerlichen Wohnungen nach unterschiedlichen Funktionen in Schlafzimmer, Wohnzimmer, Kinderzimmer et cetera eingeteilt[5].

Davor (und auch danach) lebten die meisten Menschen gemeinsam mit Verwandten und Tieren in einem einzigen Raum. Auch wohlhabendere Familien, die sich größere Gebäude leisten konnten, kochten und aßen in ein und demselben Zimmer. In deutschen Handwerkerhäusern zum Beispiel bereitete die Frau des Meisters mithilfe der Mägde die Mahlzeiten für die Familie und das Gesinde zu, die dann von allen gemeinsam in der geräumigen Küche verspeist wurden. Kost und Logis waren gleichzeitig die Entlohnung.

Auf Burgen und Schlössern wurden zwar die Küchen – auch aus Angst vor Bränden – von den übrigen Räumlichkeiten getrennt, doch der „Rittersaal", in dem ein Großteil der BewohnerInnen gemeinsam aß, diente ebenso als Tanzboden, Versammlungsort und Aufenthaltsraum. Beim Essen thronte der Vorstand des Hauses in der großen, oft aufwendig dekorierten und beheizten Halle auf einer Art Bühne über seinem Hofstaat. Hochrangige Geistliche nahmen oft in einer eigenen kleinen Nische Platz. Alle anderen aßen gemeinsam an langen Tischen. Die Pestepidemien, die ab dem 14. Jahrhundert Europas Bevölkerung dezimierten, veranlassten die herrschende Klasse allerdings dazu, „das Volk" zu meiden. Aus Angst vor Ansteckung zogen sich die Eliten – auch beim Essen – zurück. Dazu kamen infolge der Reformationen politische und religiöse Dissonanzen, die die freie Meinungsäußerung vor allzu vielen Ohren gefährlich machte. Die Oberschicht Englands und Frankreichs flüchtete in kleine Speiseräume, die sie in Anlehnung an die klösterliche Architektur „Parlour"[6]. nannte. Zumindest für die Reichen wurde das Essen zu einer sehr privaten Angelegenheit. Ausgenommen davon waren weiterhin repräsentative, öffentliche Schaudiners des Hochadels, etwa im Rahmen von Hochzeiten.

Im Laufe des 19. Jahrhunderts entstand in England mit dem viktorianischen Bürgerhaus ein völlig neuer Wohntyp, der

Von den Gerichten über das Geschirr bis hin zur Raumdekoration und den Kimonos der Servierenden ist bei einem japanischen Kaiseki-Essen alles gestalterisch aufeinander abgestimmt. Saisonal zu essen bedeutet in Japan nicht nur, das Essen an die jeweilige Jahreszeit anzupassen, sondern auch den Rahmen, in dem es genossen wird. Nicht nur die Art, wie die Speisen angerichtet werden, sondern auch die Farben, Formen und Dekors des Geschirrs, der Blumenschmuck und die Kalligrafien an der Wand thematisieren Ereignisse wie die Kirschblüte oder die herbstliche Laubverfärbung und erinnern so an die Schönheit der Natur und ihre Vergänglichkeit.

die Schlösser des Adels im Kleinformat kopierte. Straßenseitig waren die neuen Wohnhäuser mit repräsentativen Aufenthalts- und Speiseräumen ausgestattet, die die aristokratischen Parlours imitierten und auch so hießen.

Mit der Einrichtung ausgewiesener Esszimmer distanzierte sich das aufstrebende Bürgertum bewusst vom Kochen und dem dort agierenden Personal. Die Küche mit ihren toten Tieren, intensiven Gerüchen, Geräuschen und Abfällen galt in jenen Jahren als unschicklich und wurde in die hinteren Bereiche der Wohnhäuser verbannt, während die großzügigen Esszimmer mit Ausblick zur Straße lagen. In den typischen viktorianischen Stadthäusern befand sich neben dem Eingang ein großer, verglaster Erker, hinter dem sich der um einen Halbstock erhöhte Speiseraum befand[7]. Dort empfing man Gäste und speiste mit ihnen. Für private Zwecke wurde er kaum benutzt, ein Konzept, das sich bis heute erhalten hat: Viele bürgerliche Haushalte verfügen über einen aufwendig ausgestatteten Essbereich, die Familie selbst isst aber praktisch ausschließlich in der Küche. Der Speiseraum oder -bereich hat vor allem repräsentative Funktion.

Die räumliche Trennung von Küche und Esszimmer führte unter anderem zur bis heute praktizierten Rollenverteilung zwischen Hausherr und Hausfrau bei Tisch. Architektonisch ahmte das Bürgerhaus den aristokratischen Lebensstil nach, den man sich aber aufgrund des Arbeitsaufwandes eigentlich nicht leisten konnte. Vor allem die amerikanischen EinwanderInnen litten unter dem sogenannten „Servant Problem"[8]. Um den Makel des Personalmangels zu überdecken, musste die Hausfrau in die Doppelrolle von Gastgeberin und Servierpersonal schlüpfen, Zweiteres natürlich nicht vor den Augen der Gäste, sondern quasi heimlich in einem abgelegenen Teil der Wohnung, der Küche. Dennoch luden Haushalte, die etwas auf sich hielten, im späten 19. und frühen 20. Jahrhundert zu großen Dinnerpartys mit einem klassischen, französischen Fünfgangmenü. Bereitgestellt werden mussten diese formellen Abendessen für GeschäftspartnerInnen oder Verwandte aber oft von einer einzigen Person – der Hausfrau.

Diese Entwicklung trennte die Frau nicht nur räumlich von der Tischgemeinschaft, sondern auch zeitlich. Sie verbrachte ein Abendessen im eigenen Haus nun damit, in einer vom Tisch weit entfernten Küche Nahrung zuzubereiten und benutztes Geschirr zu reinigen, und sie lief zwischen den Räumen hin und her, um zu servieren. Obwohl ihr damals zwei brandneue Industriezweige – moderne Küchengeräte und Fertiggerichte[9] – dabei helfen

sollten, im Alleingang oder mit unzureichendem Personal ein tolles Abendessen auf den Tisch zu zaubern, war sie notgedrungen überfordert[10]. Aus Zeitmangel trat sie ihre Rolle als Gastgeberin zunehmend an den Hausherrn ab. Dieser konnte seine Präsenz bei Tisch nutzen, um seine gesellschaftliche Stellung zu behaupten, während die Hausfrau – im Gegensatz etwa zur Meisterin oder zur Bäuerin – zur Bediensteten degradierte. An dieser Rollenverteilung hat sich im bürgerlichen Umfeld bis heute wenig geändert.

Der Einfamilienhaus-Boom, der nach dem Zweiten Weltkrieg in den Vereinigten Staaten einsetzte, führte die Hausfrau räumlich wieder an die Essenden heran. Die Küche wurde aus dem Exil zurück in den Wohnbereich geholt und meistens direkt neben dem Speisezimmer angeordnet. Durchreichen verbanden die beiden Räume und erleichterten die Kommunikation, oder man besann sich überhaupt der bäuerlichen Wohnküche. Durch die Wiedereinführung des kombinierten Koch-Essraumes wurde die Hausfrau – zumindest räumlich – wieder in die Gemeinschaft integriert. Kochend, anrichtend oder abwaschend ist sie körperlich im Raum anwesend, also rein physisch nicht mehr ausgeschlossen. Ab den 1970er-Jahren schwappte die Idee, Kochen, Essen und Wohnen in einem Raum zu vereinen, wieder zurück nach Europa. Die Wohnküche widerspricht im Grunde den bürgerlichen Haushaltsidealen und setzt einen lockeren beziehungsweise alternativen Umgang mit Essritualen und Tischsitten voraus. Familie und Gäste bewegen sich ungezwungen zwischen Tisch und Kochstelle; Arbeiten wie Zubereiten, Aufräumen und Abwaschen werden demokratischer verteilt und in das Tischgespräch integriert.

Heute verfügt jede Wohnung und jedes Einfamilienhaus über mindestens einen ausgewiesenen Ort zum Essen, der nicht notgedrungen ein eigenes Zimmer sein muss. Essbereiche befinden sich in Wohnzimmern, Küchen, Dielen, Kellern und je nach Saison im Freien. Die alltägliche Handlung, immer am gleichen Platz nach immer gleichen Regeln zu vorgegebenen Zeiten (nach wie vor oft unter Vorsitz des ranghöchsten Mannes) zu essen, ist das wichtigste Ritual des familiären Zusammenlebens und wird zumindest zu gewissen Anlässen quer durch alle Gesellschaftsschichten praktiziert. An anderen Plätzen der Wohnung zu essen, zum Beispiel vor dem Computer oder im Bett, untergräbt dieses Gemeinschaftsritual und wird deshalb (vor allem von den hierarchisch höher Stehenden) nicht immer goutiert. Der Speisesaal, entwickelt, um die Macht und Kontrolle des Abtes, Ritters oder Fürsten zu manifestieren, lebt in Form von Esstischen und Essbereichen fort, wo jeder sieht und kontrolliert, was der oder die andere tut und wie viel er oder sie isst.

1 Morel, 2001, S. 12–13

2 Siebert, in: Eidam, Grotkamp-Schepers, Heise, Schepers, 2008, S. 50

3 Enzinger, in: Kolmer HG, 2008, S. 34

4 Siebert, in: Eidam, Grotkamp-Schepers, Heise, Schepers; 2008, S. 52

5 vgl. Morel, 2001, S. 16f

6 In Klöstern bezeichnete „Parlour" einen Raum, in dem Mönche und Nonnen Leute von außerhalb des Klosters trafen, um unterschiedliche Angelegenheiten zu erledigen (eine Art Audienz- oder Besprechungszimmer

7 Das sogenannte Basement, das darunter angeordnet war, beherbergte im hinteren Teil des Hauses die Küche. Der Innenhof war um einen Halbstock abgesenkt, damit dieser Nebenraum gut beliefert werden konnte.

8 Levenstein, 2003, S. 60ff

9 unter anderen verdankt der amerikanische Hersteller von Dosensuppen, Campbell, seinen Erfolg dem „Servant-Problem"

10 Levenstein, 2003, S. 60ff

Gösser Bier vom Faß

Wirtshaus und Restaurant

Schon im alten Rom gab es Einrichtungen, wo warme Mahlzeiten gegen Geld serviert wurden. Allein im Stadtgebiet von Pompeji wurden 160 Kneipen und Garküchen, sogenannte Thermopolia, gefunden. Fremdgekochtes zu essen bedeutete allerdings keineswegs Luxus, Geselligkeit und Zeitvertreib, sondern diente der alltäglichen Ernährung. Die erstandenen Speisen wurden meist rasch im Stehen auf kleinen Tischen vor dem Lokal verzehrt oder eingepackt und mitgenommen. Manche Gaststätten verfügten auch über mehr oder weniger ansprechende Speiseräume, die jedoch weder in kulinarischer noch in atmosphärischer Hinsicht einen besonders guten Ruf genossen. Gegessen wurde auf rohen Holzmöbeln, die Mosaike an den Wänden zeigten oft erotische Motive, die auf das sexuelle Angebot der Thermopolia hinwiesen. Repräsentativ speiste man zu Hause. Für weibliche Gäste waren die Lokalitäten ohnehin tabu[1].

Einer der Vorläufer von Restaurants waren die Karawansereien, die sich ab dem 10. Jahrhundert ausgehend von Zentralasien entlang von Straßen und Handelsrouten entwickelten. Hier konnten Reisende ihre Tiere versorgen, essen und übernachten.

Neben der Grundversorgung der unteren Schichten mit einfacher Kost entstand ab dem 10. Jahrhundert eine neue Art von Gaststätten, die Karawansereien. Ausgehend von Zentralasien boten diese entlang von Straßen und Reiserouten einen sicheren Ort, um zu nächtigen, die Tiere zu versorgen und zu essen. Üblicherweise fand sich alle 30–40 Kilometer eine solche ummauerte Raststation, die stets den gleichen architektonischen Prinzipien folgte: Durch ein massives Tor, das nachts verschlossen wurde, betrat man einen von Arkaden gesäumten Innenhof. In der Mitte des Hofes lag die Wasserstelle, rundherum waren die Ställe angeordnet. Darüber befanden sich im ersten Stock die Gaststube und die Schlafstätten. Die Benützung war kostenfrei. Ab dem 13. Jahrhundert erreichte das Netzwerk der Karawansereien als wesentlicher Bestandteil internationaler Handelswege eine enorme Ausdehnung quer durch Südeuropa, Nordafrika und den Vorderen Orient[2].

Im städtischen Umfeld entstanden Gasthäuser in unserem Sinn erst im 16. Jahrhundert, als die Wirte englischer Trinkstuben auf die Idee kamen, zu den alkoholischen Getränken auch einige passende Gerichte anzubieten. Die Angelegenheit war eher rustikal, man saß gemeinsam an großen Holztischen, gegessen wurde, was auf den Tisch kam. 1765 eröffnete in Paris ein Lokal namens „Boulanger" seine Pforten, das rückblickend gern als erstes Restaurant der Welt bezeichnet wird: eine Suppenküche, die in erster Linie der Gesundheit ihrer Gäste diente. Serviert wurden

Erst nach der französischen Revolution entwickelte sich das Konzept des Restaurants, das später in New York perfektioniert wurde und heute weltweit verbreitet ist.
Das „Boulanger", das 1765 in Paris eröffnete, wird gern als erstes Restaurant der Welt bezeichnet. Serviert wurden Obst, Molkereiprodukte und nahrhafte Bouillons. Letztere verliehen der neu entstandenen Institution auch ihren Namen, denn die stärkenden Suppen, die die körperlichen Kräfte „restaurieren" sollten, trugen den Beinamen „restaurant".

Obst, Molkereiprodukte und nahrhafte Bouillons. Letztere verliehen der neu entstandenen Institution auch ihren Namen, denn die stärkenden Suppen, die die körperlichen Kräfte „restaurieren" sollten, trugen den Beinamen „restaurant"[3,4].
Infolge der Französischen Revolution gewannen Restaurants an Bedeutung: Die ehemaligen Bediensteten der entmachteten Aristokratie hatten durch den Umsturz ihre ArbeitgeberInnen verloren und gründeten Lokale, in denen sie ihre Dienstleistungen gegen Geld offerierten. Das noble und serviceorientierte Restaurant, wie wir es heute kennen, entstand. Die neue Einrichtung hatte durchaus politische Tragweite, denn sie bot erstmals in der Geschichte jeder Person – sofern sie es sich leisten konnte – die Möglichkeit, zumindest für eine Mahlzeit so zu speisen wie der Adel.

Die Idee machte Schule. Schon um 1800 sollen in Paris an die 600 Restaurants existiert haben. Die jungen Betriebe unterschieden sich von den althergebrachten Wirtsstuben vor allem durch die Möglichkeit, zwischen verschiedenen Speisen auszuwählen, sowie durch ihre architektonische Gestaltung. Den einzelnen Gästen wurden individuelle Tische zugestanden, die Speisesäle mit Kunstgegenständen und aufwendigen Dekorationen geschmückt. Riesige Spiegel wurden arrangiert, um die Räume großzügiger und heller wirken zu lassen. Als auch Frauen Zutritt zu Restaurants erhielten, entwickelten sich diese rasch zu einem Treffpunkt für Liebespaare. Zwischen den einzelnen Betrieben entstand ein regelrechter Wettkampf hinsichtlich Prunk und Ausstaffierung[5].

Allerdings blieb das Vergnügen eines eleganten Abendessens außer Haus lange Zeit der betuchten Oberschicht vorbehalten. Echte Breitenwirkung erzielte die Gastronomie als Freizeitbeschäftigung erst nach dem Zweiten Weltkrieg, und zwar zunächst in New York. Die gesellschaftliche Vielfalt des „Big Apple" führte zu einem breit gefächerten Angebot an Lokalen, in denen man Essen aus aller Herren Länder in einem entsprechenden Ambiente genießen konnte. Plötzlich war es möglich zu wählen, ob man das Nachtmahl in einem japanischen Teehaus, einer neapolitanischen Pizzeria, einer Tiroler Almhütte oder auf einer mexikanischen Hazienda einnehmen wollte. Die New YorkerInnen entwickelten ein echtes Faible für fremdländische Restaurants mit Unterhaltungswert, die ihre Gäste nicht nur kulinarisch, sondern auch atmosphärisch in eine andere Realität entführen.

Die billige Alternative: Diner und Cafeteria

Offene Feuerstellen waren in städtischen Wohnungen aus Brandschutzgründen lange Zeit untersagt, sodass viele Familien nicht zu Hause kochen konnten. Im antiken Rom wurde warmes Essen deshalb praktisch an jeder Straßenecke in Garküchen angeboten. Fremdgekochtes zu essen, bedeutete damals keineswegs Luxus oder Zeitvertreib, sondern diente der alltäglichen Ernährung. Street Food ist also ein uraltes Konzept.

Neben den trendigen Restaurants entwickelte sich in den Vereinigten Staaten auch noch ein zweites, völlig konträres Gastronomiekonzept: das Diner. 1872 kam Walter Scott die Idee, einen ausgemusterten Eisenbahnwaggon zu einer mobilen Imbissbude umzubauen und abends vor der Redaktion der Zeitung Providence Journal in Rhode Island aufzustellen. Der Erfolg gab ihm recht, und so fand Scott bald Nachahmer. 1880 designte Samuel Jones für diese Art von Imbiss erstmals Wagen mit Sitzplätzen. Der Vorteil der Diner war ihre Mobilität, sodass sie überall dorthin gebracht werden konnten, wo es KundInnen gab. Zudem servierten sie relativ einfache Gerichte, wie Sandwiches oder Kaffee, und waren dementsprechend günstig. Als man 1905 dazu überging, Diner auch stationär aufzustellen, behielt man die Eisenbahn-Optik bei. Dass der Vorläufer des Diners ein ehemaliger Speisewagen war, lässt sich noch heute an seinen typischen Gestaltungsmerkmalen erkennen: Der extrem schmale Innenraum, die meterlange Schank mit den vordem unüblichen Barhockern und gepolsterte Sitzbänke, die Rücken an Rücken angeordnet sind wie in einem Zug. Auch die Beleuchtung mit Neonröhren und Materialien wie Chrom, rotes Leder und Nieten erinnern immer noch an den Innenraum eines Speisewagens. Bis heute gelten diese Elemente als Inbegriff der US-amerikanischen Gastrokultur und prägen das Design vieler Fast-Food-Lokale und Family-Restaurants. Auch wenn McDonald's, Pizza Hut und andere Ketten die meisten individuellen Diner verdrängt haben, so eignen sich viele dieser Unternehmen ganz bewusst deren Gestaltungkonzept an, indem sie die charakteristischen Edelstahl- und Art-déco-Elemente übernehmen[6].

Der zweite Impulsgeber für die Fast-Food-Architektur war – neben dem Diner – die Cafeteria. Das „Exchange Buffet", das 1885 gegenüber der New Yorker Börse eröffnete, war das erste Selbstbedienungsrestaurant überhaupt und anfänglich nur für eine männliche Klientel zugänglich. Man(n) stellte sich entlang eines Tresens an, bestellte, zahlte und trug sein Essen selbst zu einem Stehtisch. Den Namen „Cafeteria" prägte acht Jahre später John Kruger, der sein Stehbuffet bei der World's Columbian Exposition in Chicago schlicht nach der spanischen Bezeichnung für Café benannte. Den letzten entscheidenden Baustein erhielt das Design der Cafeteria von den Brüdern Samuel und William Childs: Sie führten 1898 in der Broadway-

SANDWICH HOT PIZZA

BELGIALAINEN VOHVELI
ISO 3 €
PIENI 2 €
HOT DOG

五平そば
食券

Die frühen Fast Food Lokale wie die „Childs-Restaurants" oder „White Castel" verdanken ihren Erfolg nicht nur dem vergleichsweise günstigen und schnell servierten Essen, sondern auch der Gestaltung ihrer Gaststätten. In den Jahren tödlicher Lebensmittelskandale und der berechtigten Sorge, sich mit verdorbenem Fleisch zu vergiften, fliesten sie ihre Restaurants vollständig in Weiß aus. Den Innenraum dominierte klinischer Nirosta-Stahl, das Personal trug blitzsaubere Uniformen. Insgesamt glich das Ambiente eher einem Spital als einer Gaststätte. Die offene Küche funktionierte mit ihren immer gleichen Arbeitsabläufen wie eine blank geputzte Fabrik.

Filiale ihrer Kette „Childs-Restaurants" das Tablett und den dazu passenden Buffettresen mit „Schienen" ein. Die personalsparende Theke, an der die Gäste ihre eigenen Tabletts mit den Speisen entlangschieben und sich selbst bedienen, nutzen heute weltweit Tausende Mensen, Kantinen, Raststätten, Almhütten, Fast-Food- und Automatenlokale überaus erfolgreich[7].

Abgesehen von der Einführung der „Tray Line" und dem spottbilligen Essen verdankten die Childs-Brüder ihren US-weiten Erfolg vor allem der Idee, Sauberkeit zu einem zentralen Gestaltungs-Parameter zu machen. In den Jahren tödlicher Lebensmittelskandale[8] und der berechtigten Sorge, in Gaststätten mit vergammeltem Fleisch vergiftet zu werden, fliesten sie ihre Restaurants vollständig in Weiß aus und kochten in einer offenen Küche, sodass die KundInnen die Hygienestandards dort mit eigenen Augen überprüfen konnten. Die strahlend weißen, glatten Innenräume waren nicht nur leicht zu reinigen, sondern vermittelten auch ein Gefühl von Sauberkeit, welches die Kundschaft so überzeugte, dass in den 1920er- und 1930er-Jahren in den USA 125 vollkommen gleich ausgestattete Filialen eröffneten. Bis heute prägen leicht zu reinigende Oberflächen aus Nirosta, Fliesen und Resopal das Design von Fast-Food-Architektur und umgeben den Gast mit einem eher kalten und sterilen Ambiente von Rationalität, Effizienz und Sauberkeit[9].

Standardisierung von Essen und Architektur: das Fast-Food-Restaurant

Fünfzehn Jahre nachdem Upton Sinclair in seinem Roman „The Jungle" (1906) die furchtbaren hygienischen Zustände in den Schlachthöfen Chicagos offengelegt und damit der US-Bevölkerung berechtigte Angst vor dem Verzehr von Rindfleisch eingejagt hatte, eröffnete in Kansas das Burger-Restaurant „White Castle". Nicht von ungefähr setzte auch „White Castle" bei der Gestaltung seines Restaurants vor allem auf Sauberkeit. Außen war das Gebäude einer Burg nachempfunden, deren Fassade aus weiß glänzendem, emailiertem Porzellan bestand. Im Innenraum dominierte klinischer Nirosta-Stahl, das Personal trug blitzsaubere Uniformen. Insgesamt glich das Ambiente eher einem Spital als einer Gaststätte. Die offene Küche funktionierte mit ihren immer gleichen Arbeitsabläufen wie eine blank geputzte Fabrik. Vereinheitlichte Kochmethoden im glänzenden Niro-Look vermittelten den KonsumentInnen das

W 71521 Y

Ein Stehimbiss in Tokio: Ein einfacher Vorhang schützt die Essenden vor den Blicken der Vorübergehenden. Mit minimalem Aufwand wird der „Speiseraum" von der Straße abgegrenzt und ein Ort geschaffen, der sich vom Alltag abhebt.

angenehme Gefühl von umfassender Reinheit und gaben ihnen die Sicherheit, in allen „White Castle"-Restaurants Amerikas exakt die gleichen Speisen zu erhalten. Das Unternehmen gründete in den folgenden Jahren eigene Bäckereien, Fleischereien und Saucenhersteller, die die Filialen mit normierten Zutaten und Burger-Komponenten belieferten. Essen und Architektur wurden gemeinsam standardisiert. 1934 nahm „White Castle" die Firma „Porcelain Steel Buildings" in Betrieb, die Fertigteile aus Stahl, Porzellan und Email für die Ausstattung der Restaurants erzeugte.

Die Gestaltungselemente von Diner, Cafeteria und Burger-Restaurants wie „White Castle" sind heute zum Inbegriff vor allem einer Marke geworden: McDonald's. 1937 eröffnete Patrick McDonald in Monrovia/Kalifornien einen Hamburgerstand namens „The Airdrome", den seine beiden Söhne 1940 in das 40 Kilometer entfernte San Bernardino verlegten und in „McDonald's Bar-B-Q" umbenannten. 1948 hatten sie daraus ein streng standardisiertes Selbstbedienungsrestaurant mit extrem kleiner Speisenauswahl und dem neuen Namen „McDonald's" gemacht. Sie kombinierten die Design-Konzepte ihrer Vorgänger, von der Selbstbedienungstheke über die offene Küche bis hin zum sterilen Ambiente mit den hygienisch glatten Oberflächen, und perfektionierten sie. Was die McDonald-Brüder ausfeilten, war auch der besonders schnelle und effiziente Kundenservice, den sie selbst „Speedee" nannten. Wartezeiten vor dem Essen sollten der Vergangenheit angehören. Dass McDonald's erst 1975 ein „drive-thru window" eröffnete, ist eigentlich verwunderlich, wurde die Methode, eine Mahlzeit zu bestellen, ausgehändigt zu bekommen und zu essen, ohne das Auto verlassen zu müssen, doch schon 1931 in Texas von der dortigen „Pig Stand Chain" eingeführt[10].

1 vgl. Siebert, 2008, S. 49

2 vgl. Gräff, Ritter, 2008, S.25ff

3 vgl. Prahl, Setzwein, 1999, S.55

4 Ob das „Boulanger" tatsächlich existierte, ist umstritten. Nachgewiesen ist eine Pariser Lokalgründung von Mathurin Roze de Chantoiseau im Jahr 1766. Auch er wird oft als erster Restaurateur der Welt genannt.

5 vgl. Heise, 2008, S. 121–122

6 vgl. Wagner, 1995, S.79ff

7 vgl. Wagner, 1995, S.79ff

8 vgl. Levenstein, 2003, S.109ff

9 vgl. Wagner, 1995, S.79ff

10 vgl. Fischler, 1996, S. 250ff

田舎
立食
そば
アジ天 そば うどん
340円

Essen unterwegs – auf Reisen, im Freien, an ungeeigneten Orten

Das Picknick

Bauern und Bäuerinnen oder SoldatInnen essen notgedrungen unter freiem Himmel, wo immer es gerade nottut: am Feld, an der Straße, mitten im Wald. WanderInnen hingegen genießen ihre Jause an ausgewählten Plätzen: am Bach, auf der Wiese oder der Bergspitze. Unter geordneten Bedingungen – sprich: schönes Wetter und schöne Umgebung – im Freien zu speisen, war bereits in der Antike beliebt. Die Griechen nannten ihr Picknick „eranus", und die Römer sprachen von „prandium", wenn sie ein Plätzchen Natur okkupierten, um dort zu essen. In der Barockzeit entwickelte sich die Idee, wie die Bauernschaft draußen auf offenem Feld zu dinieren, zu einem Modetrend des Adels. Marie Antoinette soll „pique-niques" genauso geliebt haben wie die englische Königin Victoria. Im Zuge der Französischen Revolution begann auch das Bürgertum an der aristokratischen Tradition der Picknicks Gefallen zu finden. Es bemächtigte sich jener Grünflächen, die zuvor noch Privatbesitz des Adels gewesen waren – und aß dort. Von den oberen Zehntausend wurde sowohl die Sitte, ganz leger direkt auf der Wiese Platz zu nehmen, als auch der Brauch, dass alle Teilnehmenden einen Beitrag zu Essen und Entertainment leisten, übernommen. In seinem Roman „Nana" beschreibt Emile Zola noch eine andere Form von Picknicks: Die mitgebrachten Speisen wurden dabei nicht im Freien, sondern in aneinandergereihten Kutschen verspeist. Die Damen blieben in den Gefährten sitzen, während die Herren von Wagen zu Wagen flanierten, ihre Aufwartung machten, etwas tranken und einen Happen zu sich nahmen.

Das Wesen des Picknicks lebt von der Faszination, sich einen (Frei-)Raum anzueignen und für die Dauer einer Mahlzeit zu besetzen. Die Okkupation erfolgt mittels bestimmter Gegenstände, die ein Stück Natur kurzfristig in ein Speisezimmer verwandeln. Die Ausstattung für ein Picknick kann von einer einfachen Picknickdecke bis hin zu Gläsern, Silberbesteck, Klapptischen und -stühlen, die quer durch die Landschaft getragen werden, variieren. Die Decken oder Tischtücher dienen im Regelfall dazu, ein Stück öffentlichen Raums einzugrenzen und ihn damit vorübergehend zum Privatbesitz zu erklären. Picknickdecken vereinen die Funktionen von Tisch, Teller und Sitzmöbeln. Sie dienen als

Auf dem Feld oder auf der Wiese zu essen, ist eine bäuerliche Notwendigkeit. In gehobenen Kreisen war das Speisen unter freiem Himmel nur bei schönem Wetter und in schöner Umgebung beliebt – und das bereits in der Antike. Auch Frankreichs Königin Marie Antoinette soll größtes Vergnügen dabei gehabt haben, spielerisch bäuerlich zu sein und im Freien zu picknicken.

Mit viel Aufwand begehen große Teile der japanischen Bevölkerung das alljährliche Kirschblütenpicknick. Bereits frühmorgens herrscht Gerangel um die besten Plätze, die von einer Vorhut mit einer blauen Kunststoffplane belegt und mit Plastikbändern abgesperrrt werden. Abends nach der Arbeit folgt der Rest der Gruppe mit Dieselgenerator, Musikanlage, Kühlschrank und Scheinwerfern, die nach Einbruch der Dunkelheit die Kirschblüten beleuchten. Leere Pappkartons werden als Tische aufgestellt, und per Mobiltelefon werden Essen und Getränke bestellt.

Auflage für das Geschirr und die mitgebrachten Gerichte sowie als Sitz- beziehungsweise Liegeunterlage.

Der elitäre Brauch, Porzellan, Champagner und Delikatessen von Lakaien in großen Körben zum gewünschten Platz schleppen zu lassen, wird heute mangels Personals kaum noch praktiziert. Geblieben ist der Picknickkorb, der für Ausflüge ohne DienstbotInnen allerdings denkbar unpraktisch ist: Schwer und unhandlich, enthält er Geschirr, das für horizontale Tischplatten, nicht aber für unebene Grünflächen gemacht ist.

Aufwendig ausgestattet begehen große Teile der japanischen Bevölkerung das alljährliche Kirschblütenpicknick. Im Regelfall treffen sich Familien sowie ArbeitskollegInnen einmal pro Jahr unter einem blühenden Baum, um gemeinsam zu essen, zu trinken und zu feiern. Bereits frühmorgens herrscht Gerangel um die besten Plätze, die von einer Vorhut (meist PraktikantInnen oder andere hierarchisch untergeordnete Personen) mit einer blauen Kunststoffplane belegt werden. Um zu verhindern, dass Fremde den auserwählten Platz betreten, wird er zusätzlich mit mobilen Zäunen aus rot-weißen Plastikbändern abgesperrt. Abends nach der Arbeit folgt der Rest der Gruppe mit Dieselgenerator, Musikanlage, Kühlschrank und großen Scheinwerfern, die nach Einbruch der Dunkelheit die Kirschblüten beleuchten. Leere Pappkartons werden als Tische aufgestellt, und per Mobiltelefon werden Essen und Alkohol geordert.

Essen unterwegs

Um das bürgerliche Essritual mit Tisch, Sessel, Tellern, Gläsern und Besteck auch an den denkbar ungeeignetsten Orten umzusetzen, wird oft großer Aufwand betrieben. Zu diesem Zweck werden eigene Gegenstände, Geräte und Hilfsmittel entwickelt und Innenräume aufwendig adaptiert. Ausgehend von den Vereinigten Staaten etablierte sich Ende des 19. Jahrhunderts die Idee, während der Fahrt in Zügen zu essen – und später auch zu schlafen. Auf langen Strecken fuhren ausgewiesene Speisewagen mit, wobei die Bahnunternehmen einen harten Konkurrenzkampf darüber ausfochten, wer seiner Klientel das beste Essen und das komfortabelste Ambiente bieten konnte. Bei der Auswahl des Interieurs, des Geschirrs, des Services und der Küche standen die noblen Restaurants in Europa Pate. Nur die vor den Fenstern vorüberziehende Landschaft und das leichte Rumpeln sollten daran erinnern, in einem Zug zu sitzen.

宮内いよかん

ゴミは分別
活かして資源
放置してあるシート類は処分します。
分別

Im Grunde versuchten die noblen Dining Cars das Unmögliche, indem sie Ausstattung und Ambiente der imperialen Speisesäle in einen schmalen Eisenbahnwaggon quetschten. Nichtsdestotrotz bemühte man sich später auch in modernen Fortbewegungsmitteln wie Flugzeugen, während des Essens die abgespeckte Version eines (möglichst eleganten) Restaurants nachzustellen. Ungeachtet der extremen Enge montierten Fluglinien winzige, wackelige Klapptische an den jeweiligen Vordersitz, um ihren Gästen den vermeintlichen Luxus eines „richtigen" Essens zu gönnen. Sie servierten ihnen Gläser, Besteck und Geschirr, das für den Gebrauch in den engen Flugzeugsitzen eigentlich zu groß und unhandlich ist, und forderten sie auf, mit Messer und Gabel zu hantieren, obwohl das die eingeschränkte Ellbogenfreiheit gar nicht zuließ.

Der Gastgarten

Ob ein Ort für das gemeinsame Essen als geeignet oder ungeeignet eingestuft wird, ist auch eine Frage seiner Gestaltung. Auf dem Gehsteig Campingmöbel aufzubauen und dort das Frühstück einzunehmen, löst bei den Vorübergehenden Befremden aus. Isst man hingegen an derselben Stelle in einem Gastgarten, der sich durch Tische, Pflanzen oder Sonnenschirme deutlich von der „normalen" Straße abhebt, bewegt man sich innerhalb der gesellschaftlichen Normen. Die Idee des Gastgartens ist alt. Vermutlich besteht bereits seit der Kultivierung von Wein die Möglichkeit, direkt vor dem Winzerhaus etwas zu trinken. Größere Gastgärten in unserem heutigen Sinn entstanden allerdings erst im 19. Jahrhundert, zum Beispiel in München. Um auch im Sommer untergäriges Bier herstellen zu können, legten die Brauereien in den Flussterrassen der Isar tiefe Keller an, die mithilfe von Eis gekühlt wurden. Direkt vor den Kellern bildeten sich rasch Biergärten, in denen man auch im Sommer gut gekühltes Bier genießen konnte. Die typischen Gestaltungselemente dieser Gartenwirtschaften – Kiesbelag und Kastanienbäume – prägen noch heute das Aussehen vieler Gastgärten. Beide erfüllten ursprünglich funktionale Zwecke: Der Kies isolierte und senkte die Temperatur in den darunter liegenden Kellern. Und die flachen Wurzeln der Kastanienbäume beschädigten die Gewölbe nicht, während die ausladenden, sehr dichten Kronen in den heißen Sommermonaten optimal Schatten spendeten.

Der perfekte Speiseplatz

Um zu essen, bevorzugen wir Räume, die Entspannung bieten. Da wir nur an Orten zur Ruhe kommen, an denen wir uns entsprechend geschützt fühlen, ist Sicherheit der zentrale Faktor für eine angenehme Essatmosphäre. Allerdings schwanken wir zwischen unterschiedlichen Aspekten von Sicherheit hin und her. Auf der einen Seite suchen wir nach Geborgenheit im Sinne der Mutterleibserfahrung, also nach finsteren, engen Räumen. Übersetzt in die Design-Sprache bedeutet das dunkle Farbtöne, gedämpftes Licht, dumpfe Geräusche und weiche Materialien. Auf der anderen Seite geben uns aber auch Überblick und Sauberkeit ein Gefühl von Sicherheit, also große, helle Räume mit gutem Ausblick. Auf Speisesäle umgelegt bedeutet das: große Fenster, hohe Decken, gute Beleuchtung, offene Küchen, helle Farben, glatte, glänzende Oberflächen und eine klare Geräuschkulisse. Der „perfekte" Speiseplatz ist also jener Ort, von dem aus wir die Lage und alle Anwesenden gut überblicken, selbst aber nicht gesehen werden.

Vorlieben und Gestaltungsfaktoren für Restaurants und Essplätze sind aber auch kulturabhängig bzw. historisch gewachsen. In Europa ist die Architektur von Speiselokalen nach wie vor stark vom Rittersaal und der aristokratischen Dining Hall geprägt. Die meisten Restaurants sind groß und übersichtlich und vermitteln das Gefühl, an einer Mahlgemeinschaft teilzunehmen, auch wenn nur die wenigsten Gäste einander tatsächlich kennen. In Japan dagegen schätzt man auch im Luxusrestaurant den Komfort einer Privatsphäre, als ob man zu Hause in den eigenen vier Wänden essen würde. Traditionelle Lokale bestehen aus vielen kleinen, oft fensterlosen Zimmern, die mit Tatami-Matten ausgelegt sind und nur einen Tisch beherbergen. Die einzigen fremden Gesichter, die man während eines Restaurantbesuchs zu sehen bekommt, sind jene des Servierpersonals. In Imbisslokalen werden oft Kojen ähnlich wie Telefonzellen angeboten, damit Personen, die alleine essen, keinen fremden Blicken ausgesetzt sind. In Europa punkten Lokale dagegen mit weiten, offenen Räumen, mit Licht und Ausblick. Aber auch hier kennt man die Vorliebe, in dunklen, höhlenartigen Räumen zu essen – das Kellerstüberl zeugt davon.

Die Gestaltung des Essbereichs beeinflusst nicht nur das Wohlbefinden, sondern wirkt sich auch auf die Essgeschwindigkeit aus und kann die verzehrte Kalorienmenge steuern. Grelles Licht und schnelle Musik können zu schnellerem Essen führen, denn Schall, Beleuchtung, harte Oberflächen, mangelnde Belüftung und wenig Ausblick reduzieren die Verweildauer auf ein Minimum, erhöhen aber gleichzeitig die Kaufrequenz. Läuft hingegen leise Musik, sind die Oberflächen weich und dämpfend, ist man von Fenstern, Pflanzen, Bildern und Textilien umgeben, isst man langsamer und daher weniger. Dafür bleibt man länger sitzen, trinkt tendenziell mehr und bestellt unter Umständen auch noch ein Dessert[1].

Menschen suchen beim Essen geschützte Räume. In der Mitte eines großen, leeren Saals zu essen, kann Unbehagen bereiten. In Restaurants bleiben Plätze in der Mitte des Raumes am längsten unbesetzt, während Nischen und Ecken am schnellsten von Gästen ausgewählt werden. Wie Speiseräume gestaltet werden, unterscheidet sich auch von Kultur zu Kultur. Während in europäischen Restaurants viele Gäste in einem großen Raum gemeinsam essen, buchen japanische Gäste gerne einzelne Séparées, die gerade groß genug für sich und ihre Gruppe sind.

1 Spence, 2018, S.165–166; Wansink, 2008, S. 90ff

Kleidung

Kleidung

Ob Cocktailkleid, Badeanzug oder Lederhose: Die Gestaltung der direkten Essumgebung umfasst nicht nur Tischwäsche, Geschirr und Dekoration, sondern schließt neben der Sitz- auch die Kleiderordnung mit ein. Während manche Modestücke und Accessoires – etwa Sonnenbrillen oder Schirmkappen – beim Essen als unpassend eingestuft werden, sind andere besonders gern gesehen. Bei formellen Anlässen wird von Männern oft erwartet, ein längliches, schalartiges Tuch um den Hals zu knoten: Krawatten oder Langbinder sind eigentlich militärischen Ursprungs. Schon die römischen Legionäre trugen ein Halstuch, um im Feld den Nacken zu schützen. Die Offiziere des Dreißigjährigen Krieges benutzten farbige Halsbinden, um anzuzeigen, für welche Seite sie kämpften. Zum Modeaccessoire erhob sie offenbar der französische König Ludwig XIV. Als 1663 ein kroatisches Regiment zu seinen Ehren vor Versailles aufmarschierte, stachen ihm die bunten Tücher der Soldaten, die sie am Hals zu einer Schleife gebunden trugen, ins Auge. Er übernahm, so die Geschichte, das geknotete Stoffstück und nannte es „à la cravate", nach kroatischer Art (gebunden).

Was bei Tisch im wahrsten Sinn des Wortes tragbar ist und was nicht, ist natürlich eine Frage der Zeit, der Kultur und des sozialen Umfelds. Die europäischen Gepflogenheiten zum Beispiel regeln relativ strikt, welche Körperteile beim Essen mit Textilien zu bedecken sind und welche nicht. Wenige Kulturen akzeptieren beim Essen offen zur Schau getragene Geschlechtsteile. In der westlichen Hemisphäre haben Frauen zudem ihre Brüste und Männer ihren Oberkörper zu verstecken. Als unfein gilt vielerorts auch, sich mit nackten Füßen zu Tisch zu begeben, wie die Verpflichtung zum Tragen von Socken oder das Verbot von Sandalen oder Flipflops in manchen Restaurants beweist.

Hände, Kopf und vor allem das Gesicht sollen hingegen möglichst offen zur Schau getragen werden. Da eine Tischgemeinschaft grundsätzlich eine friedliche Versammlung ist, bei der selbst erklärte Feinde ihren Kampf für den Zeitraum der Nahrungsaufnahme unterbrechen, sind Waffen oder Rüstungen bei Tisch tabu. Männliche Teilnehmer nehmen vertrauensvoll den Helm ab und zeigen ihren Kopf unbedeckt, eine Sitte, die bis heute im bürgerlichen Verhaltenskodex, wonach es unfein ist, mit dem Hut auf dem Kopf zu essen, erhalten ist. Auch das Tragen von Schirmkappen oder Sonnenbrillen während des

Beim Essen werden nicht nur die Waffen abgelegt und der Helm abgenommen, um friedliche Absichten zu demonstrieren, sondern auch bestimmte Körperteile den Gepflogenheiten entsprechend bedeckt. Hut (Helm) oder Handschuhe beim Essen anzubehalten, gilt bis heute vielfach als unfein, ebenso wie barfuß oder oben ohne zu speisen.

Essens ist in manchen Kreisen unerwünscht. Diese verdecken Augen und Brauen und damit die Mimik des Gegenübers, sodass dessen (friedliche) Absichten nicht mehr eindeutig zu erkennen sind. Bis ins 18. Jahrhundert, also vor der Entwicklung der bürgerlichen Tischsitten, galt es jedoch keineswegs als unhöflich, den Hut bei Tisch aufzubehalten[1]. Im Wirtshaus ist das Essen mit Kopfbedeckung auch heute in gewissen Regionen, zum Beispiel in Bayern, nach wie vor üblich. Damen dürfen Hüte, Schleier oder anderen Kopfschmuck ohnehin aufbehalten, weil sie einen Teil der Frisur bilden, die durch dessen Entfernung zerstört werden könnte.

Kleidung ist ein Kommunikationsmittel, das hilft, unbekannte Menschen einzuschätzen und ihre Aufgabe oder Funktion zu erkennen. Durch Uniform oder Berufstracht unterscheiden sich bestimmte Personengruppen, zum Beispiel Feuerwehrleute oder das Servierpersonal im Restaurant von den übrigen Anwesenden. Bereits in der Antike gab es Regeln und Gesetze, die das Material, die Ausführung und den Schnitt von Kleidungsstücken – nicht nur beim Essen – reglementierten. Das Gewand war weniger eine Frage des Geschmacks, sondern vielmehr dem sozialen Stand entsprechend vorgegeben. Ab dem 14. Jahrhundert erließen Adelige, Reichstage oder Stadträte im Rahmen der allgemeinen Gesetzgebung immer wieder Kleiderordnungen, die den einzelnen Ständen, den Angehörigen der verschiedenen Religionen oder Berufsgruppen sowie den beiden Geschlechtern das Tragen bestimmter Gewänder vorschrieben – und gleichzeitig einen allzu prächtigen, farbigen oder sexuellen Aufputz verboten[2].

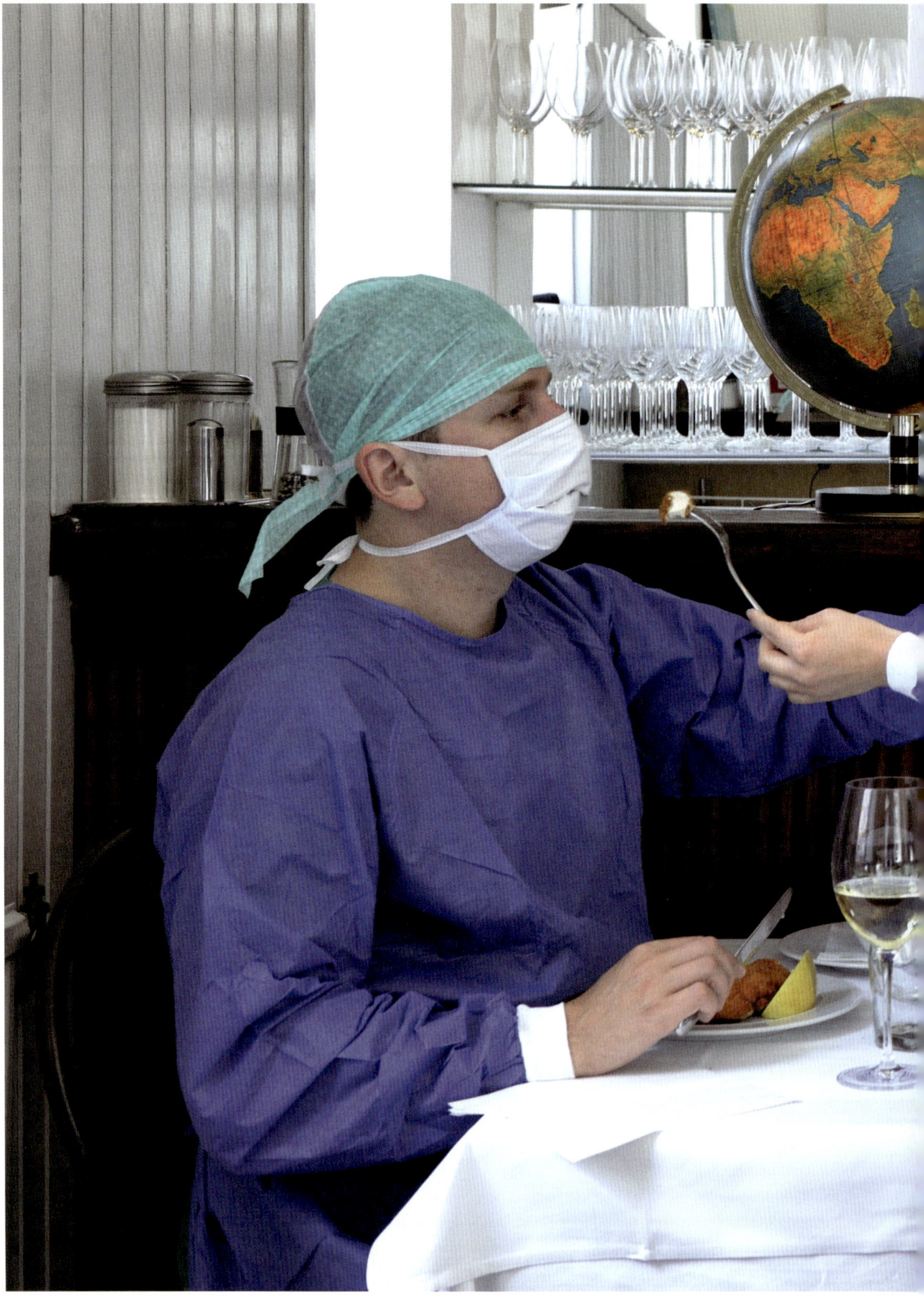

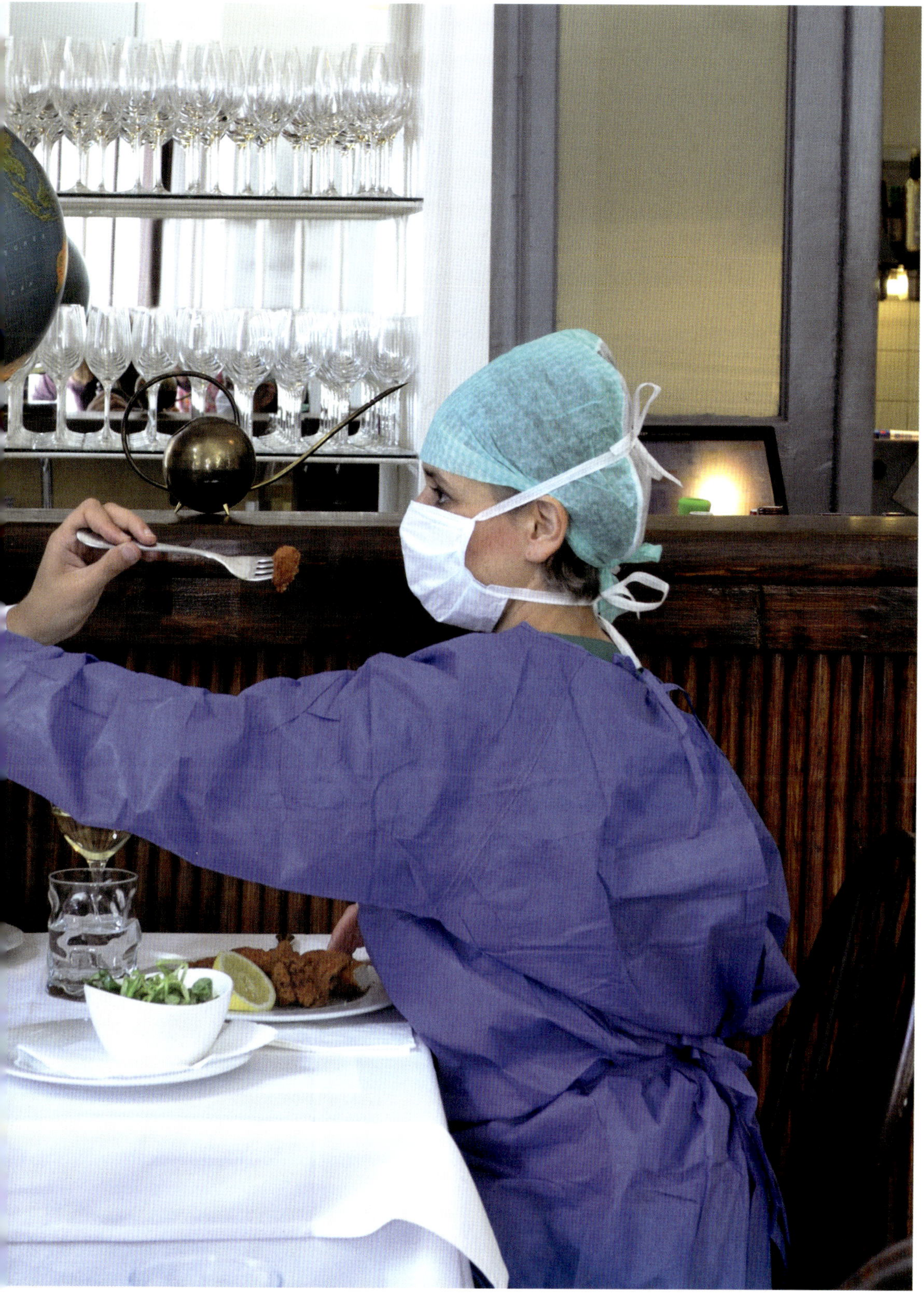

Die Kleidung, die wir zum Essen tragen, ist meist weder bequem noch funktionell. Während man im alten Rom nicht in der Toga, sondern in einem leichten, legeren Gewand zu Abend aß, verlangt die heutige Etikette nach repräsentativer Kleidung, die keinesfalls angepatzt werden sollte. Wollten wir uns bei Tisch funktional kleiden, müssten wir eigentlich große Kleiderschürzen oder Lätze tragen, die das darunter liegende Gewand vor Flecken schützen. Selbst das Dinner Jacket erfüllt trotz seines Namens keine Funktion, die mit dem Essen zu tun hat.

Heute beschränken sich gesetzliche Kleidungsverbote auf verfassungsfeindliche Symbole oder das Herabwürdigen von Uniformen. An ihre Stelle sind Dresscodes für berufliche und private Anlässe aller Art getreten, zu denen auch erwünschte oder unerwünschte Outfits für das Essen zählen. Zwar werden extrem formelle Kleidungsstücke, wie Frack, Smoking oder Abendkleid, nur noch in den seltensten Fällen – etwa für ein Dinner bei der Queen – vorgeschrieben; selbst Jackett, Hemd und Krawatte sind nur noch in wenigen Restaurants tatsächlich verpflichtend. Dennoch verleiht man dem gemeinsamen Essen gerne einen förmlicheren Charakter als anderen Alltagstätigkeiten und erwartet von den Beteiligten, sich dafür sauber, „ordentlich", sprich den Konventionen entsprechend, und nicht zu freizügig zu kleiden. Arbeitskleidung, zerschlissene oder verschmutzte Teile gelten als unadäquate Essbekleidung. Die repräsentativere, oft eigens zu diesem Zweck angelegte Kleidung, mit der man sich zum Essen begibt, ist auch ein Befreiungsschlag vom Alltag. Blaumänner, Arbeitsmäntel, Schürzen, Helme, Mundschutz und Ohrenschützer werden nach Möglichkeit abgelegt, sobald man sich zu Tisch begibt. Isst man außer Haus, sei es im Rahmen einer Einladung oder im Restaurant, hat die Garderobe ohnehin stets frisch, blitzsauber, gebügelt und korrekt angelegt zu sein.

Mit dem Dinnerjackett – oder Smoking – wurde Mitte des 19. Jahrhunderts sogar eine elegante Oberbekleidung eigens für das Essen geschaffen. Ursprünglich trugen die Herren der feinen Gesellschaft den Smoking allerdings nicht bei Tisch, sondern nur zum anschließenden Digestif, den sie im Raucherzimmer einnahmen. Da man am Folgeabend keine verrauchte Kleidung tragen wollte, tauschte man die Frackjacke nach dem Essen gegen die sogenannte Smoking Jacket, eine dunkle, rote, grüne oder blaue Samtjacke. Der Wechsel der Jacke hatte auch protokollarischen Stellenwert: Er zeigte das Ende des offiziellen Teils des Abends an.

Im späten 19. Jahrhundert soll der englische König Eduard VII. eine elegantere Variante des Raucheranzugs aus schwarzem Stoff als bequeme Alternative zum Frack auf Dinnerpartys eingeführt haben. Bei informellen Anlässen, wie privaten Essenseinladungen, zog man den Smoking nun tatsächlich bereits vor und nicht mehr nach dem Essen an. Auf großen Abendgesellschaften dagegen blieb der Frack noch bis nach dem Ersten Weltkrieg die einzig adäquate Herrenbekleidung. Auch heute werden Frack und Smoking vielfach noch beim Essen getragen – allerdings nicht von den Speisenden, sondern vom Kellner.

Kleidung und Essen sollen einander nicht berühren. Essen wird zu Schmutz, sobald es mit Kleidung in Berührung kommt. Folgerichtig darf in den Taschen von Kleidungsstücken kein Essen aufbewahrt werden. Das gilt als unhygienisch.

Was wir beim Essen tragen und was nicht, ist weder rational noch funktionell. Andernfalls müssten wir bei Tisch große Kleiderschürzen oder Lätze tragen, die das darunter liegende „schöne" Gewand vor Flecken schützen. Kleidung hilft uns, in jene Rolle zu schlüpfen, die wir im sozialen Umfeld offiziell einnehmen oder gerne einnehmen möchten. Wenn wir in Gesellschaft essen, ist die Bekleidung ein öffentlicher Ausdruck dessen, wie wir von den anderen gerne wahrgenommen werden wollen. Die Kleidung, die wir zur Nahrungsaufnahme anziehen, ist auch nicht bequem, andernfalls setzten wir uns im Bademantel an den Tisch, wie man es im alten Rom tat. Zum Essen trug man dort keine formelle, sondern bequeme Kleidung, die sogenannte „vestis cenatoria". Nach dem Bad, das dem Abendessen vorausging, legte man nicht mehr die Toga an, sondern ein bequemes Gewand aus grüner oder violetter Baumwolle oder Seide. Die Sandalen zog man vor dem Essen aus und speiste barfuß. Dieses legere Outfit wurde für die entspannte Atmosphäre, die das Essen bieten sollte, als durchaus passend erachtet, während eine steife Bekleidung als hinderlich und deplatziert galt. Ähnlich verfahren auch JapanerInnen, wenn sie nach dem abendlichen Bad im Yukata, einem leichten Baumwollkimono, ähnlich einem Bademantel, speisen.

1 vgl. Döbler, 2000, S. 159

2 vgl. Vinken, 2013

Tischkultur und Klima

Tischkultur und Klima

Essen ist ein politischer Akt. Jeder Bissen hat Auswirkungen auf die Umwelt und auf das Wohl oder Leid anderer Menschen. Das betrifft nicht nur die Auswahl der Zutaten, sondern auch die Art und Weise, wie Essen serviert und konsumiert wird. Es macht einen Unterschied, wie viele und welche Tischgeräte verwendet werden und wieviel Energie und andere Ressourcen zur Herstellung, Reinigung und Entsorgung dieser Gegenstände aufgewendet werden müssen.

Wie wir unser tägliches Essen gestalten, hat nicht nur mit Tradition, Kultur und Geselligkeit zu tun, sondern ist auch mit CO^2-Emissionen, Land- und Wasserverbrauch, Energie- und Transportsystemen verbunden. Jedes Produkt ist die Summe aus Ressourcen und Arbeitsaufwand, die zu seiner Herstellung und zu seiner Entsorgung nötig sind. Gerade die Produktion von Essen verbraucht einen Löwenanteil an natürlichen Ressourcen. Landwirtschaft als solche verursacht rund 30 Prozent des gesamten CO^2-Ausstoßes und verbraucht etwa 70 Prozent des weltweiten Vorrates an Frischwasser. Die Landwirtschaft ist damit der größte Frischwasserverbraucher der Welt. Zudem werden rund 53 Prozent der Erdoberfläche, die nicht von Wasser oder Eis bedeckt sind, für landwirtschaftliche Zwecke genutzt, bilden also den „agricultural foot print" der Menschen auf der Erde[1]. Die Landwirtschaft ist damit einer der wichtigsten Faktoren im ökologischen Gleichgewicht zwischen unserem Planeten und seinen BewohnerInnen.

Jede Veränderung unseres Essverhaltens hat unmittelbare Auswirkungen auf das soziale Gefüge und auf das Ökosystem. So lässt sich zum Beispiel der persönliche „Wasserabdruck" von circa 3600 Liter Wasser pro Tag (Westeuropa) durch Umstellung auf eine rein vegetarische Kost um rund ein Drittel auf circa 2300 Liter reduzieren[2]. Beim Essen entscheiden aber nicht nur Auswahl und Herkunft dessen, was auf dem Teller liegt, darüber, wie stark Umwelt und Klima beeinträchtigt werden, sondern auch die Tischkultur. Für die Herstellung eines typischen Coffee-to-go-Bechers wird zirka ein halber Liter Wasser benötigt. Pappbecher bestehen in den allermeisten Fällen aus Neumaterial und sind auch nur zu einem sehr geringen Teil tatsächlich recyclingfähig. Laut Berechnungen der Deutschen Umwelthilfe müssen für die Herstellung jener Pappbecher, die in Deutschland jährlich verbraucht werden, 43.000 Bäume pro Jahr gefällt werden[3]. Derzeit gehen Industriegesellschaften – nicht nur beim Essen – eher sorglos mit Ressourcen und dem Erhalt der Biosphäre um. Die meisten westlichen Gesellschaften sind Konsumkulturen. Geschirr nur ein einziges Mal zu benutzen und danach wegzuwerfen wird als normal empfunden. Einwegservietten gelten als Standard ebenso wie Frühstücksbuffets in Hotels, die oft 40 Prozent „Food Waste"-Anteil haben und dennoch von Gästen als Selbstverständlichkeit erwartet werden.

Wegwerf-Tischkultur (Einweg und Take-away)

Die Tischkultur des 21. Jahrhunderts ist nicht von Kunsthandwerk, sondern von der modernen Industrie- und Wegwerfgesellschaft geprägt. Unzählige Male pro Woche essen und trinken wir aus Einwegprodukten aus Kunststoff, Aluminium, Papier oder Holz. Hoher Energie- und Ressourcenverbrauch sowie Müll ist ein zentraler Bestandteil der Tischkultur geworden.

Wie Essen serviert und verzehrt wird und welche Tischwerkzeuge dabei zum Einsatz kommen, ist eine Frage der jeweiligen Esskultur – hat aber auch Auswirkungen auf den Zustand unseres Planeten. Mit dem (kurzen) Gebrauch eines Wegwerfbechers, einer Papierserviette oder einer PET-Flasche verschwenden wir Ressourcen und verbrennen fossile Energie. Wenig später landen diese kleinen Behälter im Müll.

Wie in vielen anderen Lebensbereichen kommen auch beim Essen zahlreiche Einwegprodukte zum Einsatz: von Verpackungen aller Art, über Pappteller, Plastikbesteck und Alubehälter, bis hin zu Einweg-Essstäbchen und Plastiktischtüchern. Nach dem Essen wird mit Küchenrolle (Küchenkrepp) gereinigt, einem trockenen, saugstarken Einwegputzlappen. Die Überreste werden in Alufolie gewickelt, einer formbaren und dennoch stabilen Einwegverpackung. Auch Papier-Trinkhalme und Zahnstocher sind gebrauchsfertige Wegwerfprodukte. Mittlerweile haben wir uns an die Verwendung derartiger Artikel so gewöhnt und unsere Essgewohnheiten entsprechend angepasst, dass sich viele Menschen das Essen ohne solche Einweghilfen nicht mehr vorstellen können. Frühere Generationen benutzen unterwegs ein schmales, stabiles Trinkglas, das in die Brusttasche von Mantel oder Jacke passte und das man nach Gebrauch ebendort wieder verstaute. Andere Beispiele für Mehrweggeschirr für unterwegs sind Picknickkörbe, Flach- und Henkelmänner oder Spazierstöcke, aus denen man trinken konnte.

In Folge der Industrialisierung entstanden viele Einwegprodukte, die die Art und Weise, außer Haus zu essen, stark veränderten und den dabei anfallenden Müll deutlich erhöhten. Hingegen reduzierte sich der Arbeitsaufwand nach dem Essen: Denn durch die Verwendung von Plastikbechern, Papptellern und Papierservietten entfällt das Reinigen des Geschirrs und das Waschen der Tischwäsche.

Gerade der Umstand, dass man Einwegprodukte nicht säubern muss, macht diese so erfolgreich: Plastikbecher und Pappteller machen den Abwasch (das Spülen) obsolet, Papierservietten oder -taschentücher landen nach ihrer Benutzung nicht in der Waschmaschine, sondern direkt im Müll. Auch Papier- oder Plastiktischtücher müssen nicht gewaschen werden und ersparen zudem auch noch das Tischabwischen. Die Bequemlichkeit hat jedoch einen Preis: einen deutlich

meridol

Take-away ist heute eine eigene Kultur innerhalb unserer Esskultur. Wer sich Essen nach Hause liefern lässt, bekommt eine Unmenge an Müll gratis dazu. Oft wird der hohe Materialeinsatz als Sachzwang empfunden, zum Beispiel um Hygienerichtlinien umzusetzen.

größeren Verbrauch an Grundstoffen und viel mehr Müll. Neben dem wirtschaftlichen System von Industriegesellschaften (Notwendigkeit des Absatzes von Massenprodukten) hat der große Erfolg von Wegwerfgeschirr auch gesellschaftliche Gründe, namentlich die ungleiche Aufteilung von bezahlter und nicht bezahlter Arbeit zwischen den Geschlechtern. Die Umsetzung von Tischkultur zu Hause ist meist Sache der Frau und eine unbezahlte Tätigkeit für die Familie. Infolge der Doppelbelastung durch Beruf und Haushalt greifen Frauen vermehrt zu Fertiggerichten und Einwegprodukten[4].

Lösungsversuche wie (scheinbar) nachhaltigeres Einweggeschirr aus Zuckerrohr oder anderen, biologisch abbaubaren Materialien lindern vielleicht das Müllproblem, beseitigen aber nicht das grundsätzliche, ökologische Dilemma, weil Energie- und Rohstoffverbrauch hoch bleiben und biologische Materialien zudem in Konkurrenz zu Nahrungsmitteln geraten und damit soziale Probleme verursachen können. Auch Versuche, Pappteller und Plastikbecher mit einer Abfallabgabe zu belegen, blieben bisher mäßig erfolgreich. Für eine nachhaltige Zukunft ist eine Umstellung von Einweg- auf Mehrweggeschirr und -besteck die einzig wirksame Lösung.

Take-away ist heute eine eigene Kultur innerhalb unserer Esskultur. In Einwegflaschen abgefülltes Wasser, aufwendig verpackte Sandwiches, Salate und Saucen, dazu dicke Stapel von Papierservietten. Wer sich Essen nach Hause liefern lässt, bekommt eine Unmenge an Müll gratis dazu. Besteck, Teller, Servietten – die gesamte Table Ware-Ausstattung ist nach einem einzigen Abendessen zum Wegwerfen. Nicht selten sind unter den Verpackungen auch solche aus Kunststoff, Aluminium oder Styropor – eigentlich Sondermüll. Die europäische Tischkultur des 21. Jahrhunderts ist eine Wegwerfkultur. Heute wird Status und Wohlstand nicht mehr durch teures Material oder eine aufwendige Fertigung von Tellern, Gläsern und Besteck angezeigt, sondern durch die unendliche Verfügbarkeit immer neuen Essgeschirrs. Reiche Gesellschaften drücken sich als solche aus, indem sie ihre Table Ware nur ein einziges Mal benutzen und nach jeder Mahlzeit entsorgen. Früher war diese Form des Verhaltens bei Tisch dem Hochadel oder dem Papst vorbehalten oder wurde als Glück bringendes Ritual bei besonderen Anlässen wie Hochzeiten praktiziert[5].

In vorindustrieller Zeit waren Geschirr und Besteck so teuer, dass „normale" Familien nur einige wenige Stücke davon

Status und Wohlstand wird heute nicht mehr durch teures Material oder eine aufwendige Fertigung von Tellern, Gläsern und Besteck angezeigt, sondern durch die unendliche Verfügbarkeit immer neuen Essgeschirrs. Reiche Gesellschaften drücken sich als solche aus, indem sie ihre Table Ware nur ein einziges Mal benutzen und nach jeder Mahlzeit entsorgen.

besaßen. Die gesamte Ausstattung eines Haushaltes umfasste oft nicht mehr als ein, zwei Töpfe und ein paar Schüsseln, aus denen alle gemeinsam aßen. Falls Teller in Verwendung waren, wurden diese nach dem Essen nicht gewaschen, sondern nur abgewischt, teils gleich mit Brotstücken am Ende der Mahlzeit. Die Anforderungen an die Hygiene waren nicht nur angesichts der technischen Möglichkeiten, sauber zu machen, geringer, sondern auch, weil die Tischsitten dies nicht unbedingt erforderten: Wenn jede und jeder das eigene Besteck verwendet, das sie oder er nach der Mahlzeit wieder in das eigene Etui am Gürtel oder in der Besteckladе des Esstischs verstaut, ist eine Desinfektion im heutigen Sinn gar nicht nötig. Erst mit dem Aufkommen von leistbarem (industriell gefertigtem) Geschirr geriet das Abwaschen zum täglichen, aufwendigen Haushaltspensum. In vielen Regionen und Schichten geschah das erst nach Ende des Zweiten Weltkriegs[6].

Die Gestaltung der Tafelkultur trägt entscheidend dazu bei, wie nachhaltig eine Mahlzeit ist. Unseren Energie- und Ressourcenverbrauch steuern wir nicht nur durch die Auswahl und die Zubereitung unserer Nahrung, sondern auch bei Tisch. Es macht einen Unterschied, ob wir uns für oder gegen Wegwerfprodukte, für oder gegen Mehrwegbehälter beim Take-away, für oder gegen ein neues Gedeck nach jedem Gang entscheiden. Braucht jeder Wein ein neues Glas? Die Wiederverwendung von Besteck oder Geschirr im Rahmen eines eleganten Essens widersprechen heute den geltenden Regeln von Höflichkeit und Gastfreundschaft. Brauchen wir vielleicht neue Tischsitten im Sinne von Geschirr-Recycling und Second-Course-Cuttlery? Könnte es zukünftig nicht sogar ganz selbstverständlich sein, dass jede und jeder nicht nur das Handy, sondern auch das eigene Besteck ständig mit sich führt, genauso wie viele bereits heute ihre eigene, wieder befüllbare Wasserflasche bei sich tragen?

Außerdem müssen persönliche Besteckteile, die man ständig bei sich trägt, wie es – je nach Schicht und Region – bis ins Barock hinein üblich war, nicht so intensiv gereinigt werden. Umgekehrt bedeuten mehr Stück, auch mehr Ressourcen bei der Herstellung, mehr Reinigungsaufwand inklusive der dafür nötigen Mittel, und sind damit weniger nachhaltig. Insgesamt ist unsere heutige Tischkultur von einem hohen Einsatz an unterschiedlichen Objekten und Werkzeugen geprägt. Sie entwickelte sich etwa ab dem 18. Jahrhundert gemeinsam mit dem Bürgertum, welches die Tischsitten des Adels kopierte, die wiederum dazu dienten, Reichtum und Status zum Ausdruck zu bringen. Später nutzen Hersteller und Unternehmen die repräsentative Ausrichtung der Tischkultur, um den Absatzmarkt zu vergrößern und verfestigten die Vorstellung von einer Tischkultur, die von einer Vielzahl an unterschiedlichen Objekten bestimmt wird. Infolge profitierten auch Industrialisierung und Massenproduktion von einer Tischkultur, die nicht primär vom Gedanken an die Funktion, sondern vor allem von jenem an den Status getragen wird. Wohingegen die bäuerliche Tischkultur, die mit deutlich weniger Objekten auskommt (alle essen mit dem eigenen Löffel aus der gemeinsamen Schüssel), teilweise bis heute als unkultiviert, ungehobelt, unelegant und damit als minderwertig gilt, weil sie (vermeintlich) mit mangelnder Hygiene, mit Armut oder einem niedrigen Sozialstatus verbunden wird. Die Notwendigkeit einer neuen Esskultur angesichts von Klimawandel und Umweltproblemen erfordert eine Neubewertung des bürgerlichen Konzepts, Nahrung zu sich nehmen.

Tischkultur und Food Waste

Da die Erzeugung von Essen einen Gutteil aller natürlichen Ressourcen verbraucht und das Klima stark belastet, ist „Food Waste", also Essen, das im Müll landet, nicht nur ein ethisches, sondern auch ein ganz konkretes, ökologische Problem. Denn weggeworfene Nahrungsmittel sind nicht nur eine Verschwendung von Geld, sondern auch von Wasser, Energie, Land und menschlicher Arbeitskraft und bedeuten den unnötigen Einsatz von Düngemitteln und Pestiziden.

Wieviel Food Waste während eines Essens entsteht, hat auch mit den Tischsitten zu tun. Durch eine entsprechende Art, Speisen und Getränke zu servieren, kann der Anteil an Food Waste reduziert werden. Es fällt leichter, ein Stück Pizza im Karton zu entsorgen, als ein aufwendig serviertes Gericht nach wenigen Bissen stehen zu lassen. Ein halber Burger wandert skrupelloser in die Tonne, wenn er in einer kleinen Kartonschachtel steckt. Schon der Name Junkfood suggeriert, dass die Mülltonne Teil des Konzepts ist. Die Art der Präsentation oder die Gestaltung der Verpackung drückt indirekt den Wert des Essens aus. Bestimmte Esswaren wie Fast Food sind bewusst „billig" verpackt, weil ihr Marketing drauf abzielt, dass sie billig wirken. Die Hemmschwelle, diese dann gleich mitsamt der Verpackung wegzuwerfen, ist geringer.

Food Waste, also weggeworfene Nahrungsmittel stellen ein ökologisches Problem dar, da zu ihrer Herstellung unnötig Ressourcen verbraucht und CO_2 freigestezt wird. Durch die Art ud Weise, wie Essen serviert wird, kann der Food Waste-Anteil stark reduziert werden, etwa durch kleinere Portionen, die Verwendung von kleinerem Geschirr oder den Verzicht auf Buffets.

Auch der persönliche Bezug zur Herstellung des Servierten spielt eine Rolle: Es fällt schwerer, Essen, das eine anwesende oder bekannte Person zubereitet hat, wegzuwerfen. Die anonyme Zubereitung von Essen in Kantinen, Restaurants oder von Fertiggerichten dagegen erleichtert seine Entsorgung. Das betrifft auch die Art und Weise, wie Übriggebliebenes weggeworfen wird: in der Gastronomie passiert die Entsorgung nicht vor den Augen der Gäste, sondern hinter verschlossenen Türen. Vermutlich würde in Restaurants nach dem Essen weniger auf den Tellern liegen bleiben, wenn das Servicepersonal die Überreste direkt bei Tisch in einen Mülleimer werfen würde.

Ein Extrembeispiel sind Buffets. Buffets suggerieren den Luxus absoluter Völlerei. Alles ist zu haben. Totale Verfügbarkeit wertet aber auch radikal ab. Was ich mir permanent und grenzenlos nachholen kann, drauf muss ich nicht Acht geben. Das Essen kann bedenkenlos stehen gelassen und später in der Küche in die Tonne überführt werden. In Österreich liegt der Food Waste Anteil bei Frühstücksbuffets bei bis zu vierzig Prozent. Zudem benötigt jeder Gast während eines Buffet-Frühstücks bis zu vier komplette Gedecke, die abserviert und abgewaschen werden müssen, was eine Verschwendung von Essen, Energie, Wasser und Arbeit ist.

Die Größe des Geschirrs entscheidet auch über die Wahrnehmung des Essens, das sich darin oder darauf befindet. Je kleiner der Teller, desto größer erscheint die darauf servierte Portion. Dieser Trick hilft dabei, Portionen zu verkleinern und Food Waste zu vermeiden. Leider steht uns auch hier die derzeitige, kulturelle Prägung im Wege: gemeinhin wird eine Speise – und ein Essen insgesamt - dann als besonders wertvoll und teuer angesehen, wenn sie auf einem besonders großen Teller präsentiert wird. Wenn wir Ressourcen, zum Beispiel auch die Füllmenge eines Geschirrspülers inklusive Spülmittel, aber auch den Stoffeinsatz bei der Herstellung von Geschirr reduzieren wollen, müssen wir hier umlernen: weniger muss mehr werden, das kleine Geschirrstück muss als besonders nachhaltig und damit als fortschrittlich und zukunftsfähig, als besonders gut und schön verstanden werden. Verschwendung sowohl von Zutaten als auch bei Portions- und Geschirrgrößen muss als altmodisch, gestrig und hässlich gelten.

Konsumkultur und Müll

Konsumieren ist heute Teil unserer Kultur. Der alltägliche Konsum geht über die Notwendigkeit des Versorgens weit hinaus. Er ist Teil unserer Gewohnheiten und unserer Identität geworden, nicht nur im Sinne von Status und Symbolik, die wir uns mit den gekauften Produkten aneignen, sondern auch als Handlung und Lebensweise. Wir sind gewöhnt, zu konsumieren und richten unseren Alltag, unsere Ziele und unsere Lebensinhalte danach aus. Ein Leben ohne zu konsumieren, ist für viele ebenso schwer vorstellbar wie ein Leben ohne Supermarkt. Konsum ist ein kultureller, ja ideologischer Wert, der eng mit unseren Vorstellungen von Wirtschaft und Glück verwoben ist und dem andere Bedürfnisse untergeordnet werden.

Die Frage, was wir konsumieren, verliert gegenüber der Menge oft an Bedeutung. Quantität hat Vorrang. Wir fühlen uns dem Konsum verpflichtet. Kaufen ist ein gesellschaftlicher Selbstzweck, eine durch und durch kulturelle Handlung. Konsum ist ein alltäglich wiederkehrendes Ritual, das Individualität und Freiheit symbolisiert. Ständiges Konsumieren ist ein Identifikationsmerkmal. Wir definieren uns durch stetigen Konsum. Das Kaufen steht dabei oft im Vordergrund gegenüber dem Gekauften. Der ständige wiederkehrende Konsum führt zu einer rapiden Entwertung der bereits gekauften Gegenstände. Permanenter Konsum kann ohne Wegwerfkultur nicht funktionieren. Jedes Flanieren durch die Table Ware Abteilung eines Möbelhauses, jeder Aufenthalt auf der Website eines Homestores entwertet den Inhalt des Geschirrschranks. Sobald neue Weinkelche oder Espressotassen gekauft sind, werden die alten ausgemustert. Der dabei entstehende Müll hinterlässt mehr als nur die Frage, ob er recycelbar ist, verbrannt werden kann oder sicher gelagert werden muss.

Beim Essen konsumiert man Bedeutungen, die Verbindungen zu übergeordneten Sinnsystemen und Wertesphären herstellen. Zeige mir, wie du isst, und ich sage dir, wer du bist. Die Tischkultur ist ein wichtiges Ausdrucksmittel, jedes Individuum und jede Kultur definieren sich – so ferne es die Versorgungslage erlaubt - mit dem Verzehr von Nahrung. Nichts ist so sehr mit Traditionen, Religionen, Lebensweisen, Hierarchien, aber auch mit Aus- und Abgrenzung verbunden wie das gemeinsame oder einsame Essen.

Mit dem Klimawandel rücken die Nebeneffekte und Nachteile unserer Kultur der industriellen Lebensweise und unseres

Spätzle

TRADIZIONALE
Ristorante
Ristorante
Ristorante
iglo

Kultur ist von Menschen gemacht und daher veränderbar. Der Übergang hin zu einer nachhaltigen Lebenswelt kann nur gelingen, wenn wir die gängige Konsumkultur durch eine Kultur der Nachhaltigkeit ersetzen. Das betrifft auch die Esskultur, denn manche unserer Gepflogenheiten stehen der Idee eines nachhaltigen Lebensstils im Weg. Zum Beispiel die Vorstellung, dass eine Mahlzeit dann besonders elegant und wichtig ist, wenn dabei möglichst viel Besteck und Geschirr verbraucht wird. Oder der Glaube, dass es peinlich ist, Reste zu servieren oder Portionen zu teilen, Überreste einzupacken oder zu verschenken.

wirtschaftlichen Systems plötzlich in den Blick. Gewohnheit, Kultur und Gruppendynamik machen es aber schwer, alte Wertvorstellungen abzulegen. Oft hindert uns die Kultur daran, nachhaltig zu handeln. Jahrzehnte lang haben wir gelernt, dass neu, schnell, innovativ und gewinnbringend „gut" und alt, langsam, langlebig und gemeinwohlorientiert „schlecht" sind.

Es liegt jedoch in der gestalterischen Macht von Kultur und Design, Werte und Bedeutungen mit ästhetischen Mitteln zu verschieben. Zurecht hat der deutsche Sozialpsychologe Harald Welzer festgestellt, dass es bisher nicht gelungen ist, eine Ästhetik der Nachhaltigkeit zu schaffen, die der gängigen Konsumästhetik eine andere Art der Gestaltung und neue Schönheitsideale entgegensetzt[7]. Eine Ausnahme dabei ist die nordische Küche, die eine neue, einfache, naturnahe Ästhetik erschaffen hat, die zeitgemäß und sogar trendy ist und auch bei der Tischkultur zu einer Entformalisierung geführt hat. Speisen werden so serviert, dass man sie mit den Findern essen oder ohne Besteck aus Schalen trinken kann. Gemüse wird als zentrale Zutat inszeniert, und dabei auch scheinbar einfaches wie Karotten, Kohlrabi oder Kraut. Nach dem „leave to root"-Prinzip werden auch Schalen und Blattgrün zubereitet und entsprechend angerichtet. Eingelegtes und Fermentiertes erhält wieder einen wichtigen Stellenwert in der geschmacklichen und optischen Komposition eines Gerichtes. Mehr Natürlichkeit, weniger strikte Regeln gaben den Weg für Veränderungen des Verhaltens bei Tisch frei. Es entstand eine neue Lockerheit, die nicht mehr die Tischrituale von Königshöfen und Adel kopiert, aber auch nicht völlig entritualisiert oder kommerzialisiert ist wie Fast Food.

Neue Tischkultur

Wie wir essen - von Tableware bis zur Tischkultur - bildet nicht nur eine historisch bedeutende Sparte innerhalb von Design und Kunsthandwerk, sondern ist vor allem eine entscheidende Gestaltungsaufgabe für die Zukunft.

Kann man Geschirr so gestalten, dass Gemüse auf- und Fleisch abgewertet wird? Könnte man den Fleischkonsum und die Wertigkeit von Fleisch insgesamt zum Beispiel reduzieren, indem man Fleischteller so klein wie Beilagenteller, Gemüse- und Salatteller dagegen so groß wie Hauptspeisenteller macht? Oder man versieht Gemüse- und Salatschalen mit einem Schaft, um zu zeigen, dass sie im Sinne der Nachhaltigkeit die zentralen Gerichte

Gestaltung ist immer eine Auseinandersetzung mit kulturellen Werten. Solange Gemüse nicht aufgewertet wird, wird die Reduktion des Fleischkonsums mit Verzicht in Verbindung gebracht. Es liegt an uns, bessere Alternativen zu etablieren und Gemüse eine neue Wertigkeit zu geben.

einer Mahlzeit sind? Seit Jahrhunderten schon heben Gläser und Schüsseln mit Schaft deren Inhalt über die anderen Speisen und über die Tischoberfläche und unterstreichen so, dass es sich um besondere Gerichte oder Zutaten handelt. Zurzeit haben vor allem Gefäße für alkoholische Getränke - fast alle Wein-, oder Cocktailgläser, manche Bier- und Schnapsgläser - einen Stiel. Bei Esswaren kennt man Schüsseln mit einem Schaft unter anderem von Eis- und Dessertschalen sowie von Etageren und Tortentellern. Sie stammen aus einer Zeit, als Zucker eine äußerst kostbare Zutat war und man teure Süßspeien bei Tisch besonders hervorheben wollte. Diese Art des Servierens ist heute eigentlich überholt, weil Zucker mittlerweile eine billige Massenware ist und sein übermäßiger Konsum weder für die Gesundheit noch für die Umwelt von Vorteil sind. Ganz im Gegenteil: gerade für den konventionellen Anbau von Zucker werden Pestizide eingesetzt, die mit dem Bienensterben in Zusammenhang gebracht werden8. Heute sollten anstelle von Eiscups und Desserts viel eher Gemüse und Salate in hohen, eleganten Stielgläsern serviert werden. Durch den Klimawandel, den dramatischen Verlust an Biodiversität und Epidemien, wie zum Beispiel die Corona-Epidemie, ist die zwingende Notwendigkeit des Prinzips der Nachhaltigkeit sichtbar und erlebbar geworden. Die Überzeugung, wir Menschen könnten natürliche Ressourcen unendlich und folgenlos entnehmen, gerät angesichts des Zustands unseres Planeten ins Wanken. Unsere Produktionsweise – damit ist die der westlichen Industrie- und Konsumgesellschaft gemeint – ist an einen Punkt gelangt, an dem ihre negativen Effekte nicht mehr ausgeglichen werden können. Die Natur gerät an ihre Grenzen und mit ihr unser System der industriellen Produktionsweise, die auf Massenproduktion, Massenkonsum und Müll basiert. Es liegt allerdings in unserer Hand – und das ist die gute Nachricht – dieses System zu verändern. Die Frage ist nur wie? Und was bedeutet das für unsere Esskultur?

Essen ist auch ein politischer Akt. Ob sich die westliche Welt für oder gegen Nachhaltigkeit entscheidet, wird sich nicht zuletzt an ihrem Umgang mit täglichen Verrichtungen und den dafür verwendeten Produkten entscheiden. Und diese folgen immer einem kulturellen Narrativ. Jede Handlung ordnet sich einem sozialen Korsett unter, das es der oder dem Einzelnen erschwert, aus den gruppeneigenen Verhaltensmustern auszubrechen. Wer sich dem gängigen Sozialverhalten entzieht, gerät sozial schnell unter Druck.

Unser Essverhalten ist von gemeinschaftlichen Werten geprägt. Im Normalfall halten wir uns beim Essen an Regeln. Das ist grundsätzlich eine gute Sache, dient es doch dem friedlichen Zusammenleben. Es kann aber vorkommen, dass uns Werte und Regeln nicht ganz richtig vorkommen, wir sie aber in Gesellschaft nicht brechen wollen, weil es schlicht zu peinlich ist. Während eines mehrgängigen Menüs auf das Abräumen und Neuservieren von Geschirr und Besteck zu verzichten, um Spülmittel, Energie und Arbeit zu sparen, widerspricht unserer derzeitigen Tischkultur, ebenso wie die Essenreste nach jedem Gang in einen transparenten Tischmistkübel zu verfrachten und dadurch am Tisch sichtbar zu machen, oder das Verteilen von Resten an andere Gäste.

Ein Umgang mit Nahrung, der den gesellschaftlichen Normen widerspricht, irritiert. Esssituationen, die herkömmliche Konventionen, wenn auch nur in kleinen Details, unterlaufen, erregen Menschen. Der Verzehr der Leftovers vom Nachbartisch im Wirtshaus kann einen Lokalverweis nach sich ziehen und wer offenkundig die Tischmanieren missachtet, wird bestenfalls ignoriert, im schlimmsten Fall aus der Gruppe ausgeschlossen. Wenn wir Gepflogenheiten hinterfragen und unser kulturelles Gedächtnis ein wenig löschen, dann taucht die Frage auf: warum essen wir genau so, wie wir eben essen? Und: könnten wir nicht auch ganz anders essen?

Kulturelle Werte

Letztlich geht es darum, Kultur weiterzuentwickeln und neue, zeitgemäße Ziele zu etablieren. Denn wir können Werte, also Kultur verändern, ja aktiv gestalten. Die Art und Weise, wie wir unser Essen verzehren, erfüllt nicht nur die Funktion, den Körper am Leben zu erhalten, sondern setzt zugleich soziale und kulturelle Wertvorstellungen in die Tat um. Welche Ziele dabei verfolgt werden, ist eine Frage der Ideologie, an die man glaubt. Beim Essen könnten das zum Beispiel Ziele wie der schonende Umgang mit Ressourcen, die Erhaltung von Boden, Wasser und Klima oder die Einhaltung von Menschenrechten sein.

Nicht zufällig entstand der Begriff der „Nachhaltigkeit" in Zusammenhang mit dem Essen: Im bäuerlichen Milieu bezeichnete die „Nachhalt" die Bevorratung für den Winter. Schriftlich erwähnt wurde der Begriff erstmals 1713 vom sächsischen Oberberghauptmann Hans Carl von Carlowitz, der sich Gedanken über den Brennholzverbrauch im Silberbergbau machte: mit „Nachhaltigkeit" beschrieb Carlowitz in seinem Buch „Sylvicultura oeconomica", jenes Prinzip, wonach immer nur so viel Holz geschlägert wird, wie durch eine entsprechende Aufforstung wieder nachwachsen kann. Hans Carl von Carlowitz gilt damit als Begründer des forstwirtschaftlichen Nachhaltigkeitsbegriffes. Werden Nachhaltigkeit und Wirtschaftlichkeit heute oft als widersprüchlich wahrgenommen, so war das ursprüngliche Ziel von Hans Carl von Carlowitz genau das Gegenteil, nämlich den Silberabbau langfristig wirtschaftlich zu betreiben. Das heutige Verständnis von Nachhaltigkeit bezieht sich zumeist auf die Definition der „Nachhaltigen Entwicklung" des Brundtland-Berichtes der Vereinten Nationen von 1987[9]. „Nachhaltigen Entwicklung" ist demzufolge das ausgewogene Zusammenspiel ökologischer, ökonomischer und sozialer Aspekte[10].

Wir sind das Resultat unserer Handlungen. Wir gestalten, produzieren, konsumieren - und hinterlassen unsere Überreste. In allen unseren Tätigkeiten folgen wir kulturellen Konventionen – Traditionen, Regeln und Gesetzen. Diese spiegeln die Werte unserer Gesellschaft wieder. Manche dieser kulturellen Gepflogenheiten stehen der Idee eines nachhaltigen Lebensstils im Weg. Zum Beispiel die Vorstellung, dass eine Mahlzeit, dann besonders elegant und wichtig ist, wenn dabei möglichst viel Besteck und Geschirr verbraucht wird. Oder der Glaube, dass es peinlich ist, Reste zu servieren oder Portionen zu teilen, Überreste einzupacken oder zu verschenken.

Mit der Esskultur übersetzen wir unsere politischen Einstellungen in faktische Handlungen. Die Aufnahme der täglichen Kalorien ist nicht nur eine Frage von Tradition und Etikette, sondern auch eine der Lebenseinstellung und Denkweise. Da wir beim Essen grundsätzlich nicht rational handeln (wir essen zum Beispiel vieles, von dem wir wissen, dass es ungesund ist oder dick macht) sondern anderen Prinzipien (zum Beispiel Gefühlen, Gewohnheit, Kultur, Tradition, Werte, et cetera) folgen, muss Nachhaltigkeit beim Essen auch entsprechend kulturell eingebettet sein, um zu funktionieren. Es geht also nicht nur darum, unser Essen, sondern auch unsere Esskultur nachhaltig zu machen. Denn die Regeln und Rituale rund um unser Essen sind nur sehr bedingt von der Natur oder von der Wirtschaft vorgegeben, sondern gestaltbar.

1 Quelle: JRC, Erwan Saouter

2 vgl. Hoekstra, 2015, S.44

3 Deutsche Umwelthilfe, Thomas Fischer; https://www.duh.de/fileadmin/user_upload/download/Projektinformation/Kreislaufwirtschaft/DUH_Coffee_to_go_FactSheet.pdf, am 16.04.2021

4 vgl. Kaufmann, 2006, S.52ff

5 vgl. Enzinger, 2008, S.35

6 vgl. Seymour, 1999, S. 50–51

7 vgl. Welzer, 2019, S.96

8 vgl. Marine Robuchon, Joint Research Center der europäischen Kommission, Interview am 26.11.2020

9 Im Jahr 1983 gründeten die UNO die Weltkommission für Umwelt und Entwicklung (WCED = World Commission on Environment and Development) mit Sitz in Genf. Ihr Auftrag war die Erstellung eines Perspektivberichts zu langfristig tragfähiger, umweltschonender Entwicklung im Weltmaßstab bis zum Jahr 2000 und darüber hinaus. Zur ersten Vorsitzenden wurde die frühere Umweltministerin und damalige Ministerpräsidentin von Norwegen, Gro Harlem Brundtland gewählt. 1987 veröffentlichte die Kommission einen auch als Brundtland-Bericht bekannt gewordenen Zukunftsbericht.

10 vgl. Spindler Edmund A., Geschichte der Nachhaltigkeit, Vom Werden und Wirken eines beliebten Begriffes, siehe https://www.nachhaltigkeit.info/media/1326279587phpeJPyvC.pdf

Literatur

Barlösius, Eva, Soziologie des Essens, Eine sozial- und kulturwissenschaftliche Einführung in die Ernährungsforschung, Juventa Verlag, Weinheim und München, 1999

Baudrillard, Jean, Das System der Dinge, Über unser Verhältnis zu den alltäglichen Gegenständen, Campus Bibliothek, Frankfurt/ Main, 2007

Bauer, Wolfgang-Otto, Europäisches Besteck-Design 1948-2000, The Bauer Design-Collection, Arnoldsche, Stuttgart, 2007

Beil, Ralf, Künstlerküche, Lebensmittel als Kunstmaterial – von Schiele bis Jaon Rhoades, DuMont Verlag, Köln, 2002

Bense, Max, Zeichen und Design, Semiotische Ästhetik, Agis, Baden-Baden, 1971

Biswas, Ramesh K., **Mattl**, Siegfried, **Davis-Sulikowski**, Ulrike, Götterspeisen, Springer, Wien, 1997

Braudel, Fernand, Sozialgeschichte des 15. Bis 18. Jahrhunderts, Kindler, München, 1985

Brugger, Ingried, **Eipeldauer**, Heike, Augenschmaus, vom Essen im Stillleben, Prestel, München, 2010

Bürdek, Bernhard E., Design. Geschichte, Theorie und Praxis der Produktgestaltung, Birkhäuser, Köln, 1991

Bürdek, Bernhard E., Über Sprache, Gegenstände und Design, in formdiskurs, Zeitschrift für Design und Teorie, 3, II, 1997

Burkert, Walter, Wilder Ursprung, Opferritual und Mythos bei den Griechen, Wagenbach, Berlin,1990

Camporesi, Piero, Der feine Geschmack, Luxus und Moden im 18. Jahrhundert, Campus Verlag, Frankfurt am Main, 1992

Därmann Iris, **Lemke**, Harald (Hg.), Die Tischgesellschaft, Philosophische und kulturwissenschaftliche Annäherungen, Transcript Verlag, Bielefeld, 2008

Döbler, Hannsferdinand, Kochkünste und Tafelfreuden, Orbis, 2002

Douglas, Mary, Ritual, Tabu und Körpersymbolik, Sozialanthropologische Studien in Industriegesellschaft und Stammeskultur, Fischer Verlag, Frankfurt am Main, 1986

Eickhoff, Hajo, Himmelsthron und Schaukelstuhl, Die Geschichte des Sitzens, Carl Hanser Verlag, München, Wien, 1993

Eidam, Hardy, **Grotkamp-Schepers**, Barbara, **Heise**, Ulla, **Schepers**, Wolfgang, ZU Gast, 4000 Jahre Gastgewerbe, Stadtmuseum Erfurt, Deutsches Klingenmuseum Solingen, Museum August Kestner Hannover, 2008

Elias, Norbert, Über den Prozess der Zivilisation, Suhrkamp, Frankfurt am Main, 1997

Elschenbroich, Donata, Die Dinge, Expeditionen zu den Gegenständen des täglichen Lebens, Verlag Antje Kunstmann, München, 2010

Enzinger, Katharina, „Die Bestimmung der Serviette ist die, nicht geschont zu werden!", in **Kolmer**, Lothar (Hg.), „Finger fertig", Eine Kulturgeschichte der Serviette, Lit Verlag, Wien, 2008, S.15-47

Fischler, Claude, Über den Prozess der McDonaldisierung, in **Hürlimann**, Annemarie, **Reininghaus**, Alexandra, Mäßig und Gefräßig, MAK-Österreichisches Museum für angewandte Kunst, Wien, 1996, S. 250- 261

Gottwald, Franz-Theo, **Kolmer**, Lothar (Hg.), Speiserituale, Essen, Trinken, Sakralität, S. Hirzel Verlag, Stuttgart, 2005 und darin: Heiliges Fleisch und sozialer Leib. Ritualfiktion in antiker Opferpraxis und christlicher Eucharistie von Gerhard Baudy

Gräff, Andreas, **Ritter**, Nils C., "Unser Leben ist glücklich, unser Herz erfreut…", Zur Gastfreundschaft im Alten Orient, in **Eidam**, Hardy, **Grotkamp-Schepers**, Barbara, **Heise**, Ulla, **Schepers**, Wolfgang, ZU Gast, 4000 Jahre Gastgewerbe, Stadtmuseum Erfurt, Deutsches Klingenmuseum Solingen, Museum August Kestner Hannover, 2008, S. 25-33

Gutmayer, Wilhelm, **Stickler**, Hans, **Lenger**, Heinz, Service, Die Grundlagen, Trauner Verlag, 2011

Gutmayer, Wilhelm, **Stickler**, Hans, **Lenger**, Heinz, Kalinka, Walter, Service, Die Meisterklasse, Trauner Verlag, 2006

Heise, Ulla, Von der Table d'hôte zu à la carte, Erfurt im Wandel gastgewerblicher Kultur, in **Eidam**, Hardy, **Grotkamp-Schepers**, Barbara, **Heise**, Ulla, **Schepers**, Wolfgang, ZU Gast, 4000 Jahre Gastgewerbe, Stadtmuseum Erfurt, Deutsches Klingenmuseum Solingen, Museum August Kestner Hannover, 2008

Hirschfelder, Gunther, Europäische Esskultur Geschichte der Ernährung von der Steinzeit bis heute, Campus, Frankfurt/ Main 2001

Hürlimann, Annemarie, **Reininghaus**, Alexandra, Mäßig und Gefräßig, MAK-Österreichisches Museum für angewandte Kunst, Wien, 1996

Kaufmann, Jean-Claude, Kochende Leidenschaft: Soziologie vom Kochen und Essen, UVK Verlagsgesellschaft mbH, Konstanz, 2006

Klanten, Robert, **Ehmann**, Sven, **Moreno**, Shonquis, **Schulze**, Floyd, **Wagner**, Ole, **Raymond**, Martin, **Sanderson**, Chris (ed.), Create, eating design and future food, Gestalten, Berlin, 2008

Kolmer, Lothar (Hg.), „Finger fertig", Eine Kulturgeschichte der Serviette, Lit Verlag, Wien, 2008

Kolmer, Lothar, **Rohr**, Christian (Hsg.), Mahl und Repräsentation, Ferdinand Schöningh, Paderborn, 2002

Korsmeyer, Carolyn, Making sense of taste, Food and Philosophy, University Press, Cornell, 1999

Holzhey, Magdalena, Eating the Universe, in Kunsthalle Düsseldorf, Galerie im Taxispalais Innsbruck, Kunstmuseum Stuttgart (Hsg.), Eating the Universe, Vom Essen in der Kunst, Ausstellungskatalog, DuMont Verlag, Düsseldorf, 2009

Lemke, Harald, Ethik des Essens, Eine Einführung in die Gastrosophie, Akademie Verlag, Berlin, 2007

Lemke, Harald, Die Kunst des Essens, Eine Ästhetik des kulinarischen Geschmacks, Transcript, Bielefeld, 2007

Levenstein, Harvey, Revolution at the table, The Transformation of the American Diet, University of California Press, Berkley, Los Angeles, 2003

Lévi-Strauss, Claude, Mythologica III, Der Ursprung der Tischsitten, Suhrkamp, Frankfurt am Main, 2003

Loeben, Christian E., „Verbringe einen perfekten Tag", Gastlichkeit für Lebende und Tote im Alten Ägypten, in **Eidam**, Hardy, **Grotkamp-Schepers**, Barbara, **Heise**, Ulla, **Schepers**, Wolfgang, ZU Gast, 4000 Jahre Gastgewerbe, Stadtmuseum Erfurt, Deutsches Klingenmuseum Solingen, Museum August Kestner Hannover, 2008, S.35-47

Lorenzer, Alfred, Das Konzil der Buchhalter, Die Zerstörung der Sinnlichkeit, eine Religionskritik, Europäische Verlagsanstalt, Frankfurt am Main, 1981

Marquardt, Klaus, Europäisches Essbesteck aus acht Jahrhunderten, Arnoldsche, Stuttgart, 1997

Meier, Cordula (Hsg.), Design Theorie, Beiträge zu einer Disziplin, Anabas, Wetzlar, 2001

Miller, Judith, Stil Design Kult, Der Stuhl, Deutsche Verlags-Anstalt, München, 2010

Mennell, Stephen, Die Kultivierung des Appetits, Die Geschichte des Essens vom Mittelalter bis heute, Frankfurt am Main, 1988

Michel, Ralf (Hsg.), Design research now, Birkhäuser, Basel, 2007
Miller, Jeff, Deutsch, Jonathan, Food Studies, An Introduction to Research Methods, Berg-Publisher, 2009

Montanari, Massimo, Der Hunger und der Überfluss, Kulturgeschichte der Ernährung in Europa, C. H. Beck, München, 1993

Morel, Andreas, Der gedeckte Tisch, Zur Geschichte der Tafelkultur, Punktum, Zürich, 2001

Moulin, Leo, Augenlust & Tafelfreude Essen und Trinken in Europa – eine Kulturgeschichte, Zabert Sandmann, München, 2002

Paczensky, Gert von, **Dünnebier**, Anna, Kulturgeschichte des Essens und Trinkens, Orbis Verlag, München, 1999

Prahl, Hans-Werner, **Setzwein**, Monika, Soziologie der Ernährung, Leske und Budrich Verlag, Opladen, 1999

Schepers, Wolfgang, Essen mit System im 20. Jahrhundert, in **Eidam**, Hardy, **Grotkamp-Schepers**, Barbara, **Heise**, Ulla, **Schepers**, Wolfgang, ZU Gast, 4000 Jahre Gastgewerbe, Stadtmuseum Erfurt, Deutsches Klingenmuseum Solingen, Museum August Kestner Hannover, 2008

Schmuttermeier, Elisabeth, Teufelshörner, in **Hürlimann**, Annemarie, **Reininghaus**, Alexandra, Mäßig und Gefräßig, MAK-Österreichisches Museum für angewandte Kunst, Wien, 1996, S.227

Schwendter, Rolf, Arme essen, Reiche speisen, Neuere Sozialgeschichte der zentraleuropäischen Gastronomie, Promedia, Wien, 1995

Siebert, Anne Viola, „Sei gegrüßt und trinke wohl!", Essen und Trinken in der Antike, in **Eidam**, Hardy, **Grotkamp-Schepers**, Barbara, **Heise**, Ulla, **Schepers**, Wolfgang, ZU Gast, 4000 Jahre Gastgewerbe, Stadtmuseum Erfurt, Deutsches Klingenmuseum Solingen, Museum August Kestner Hannover, 2008, S.49- 59

Spence, Charles, Gastrologik, Die erstaunliche Wissenschaft der kulinarischen Verführung, Verlag C.H.Beck, München, 2018

Steffen, Dagmar, Zur Theorie der Produktsprache, in formdiskurs, Zeitschrift für Design und Teorie, 3, II, 1997

Steffen, Dagmar (Hg.), Welche Dinge braucht der Mensch, Anabas Verlag, Gießen, 1995

Stummerer, Sonja, **Hablesreiter**, Martin, food design XL, Springer, Wien, New York, 2010

Stummerer, Sonja, **Hablesreiter**, Martin, Food Design Small, Reflections on Food, Design and Language, Edition Angewandte, Wien, Walter De Gruyter, Berlin, 2020

Teuteberg, Hans Jürgen (Hg.), Essen und kulturelle Identität, Akademie Verlag, Berlin, 1997

Vihma, Susann, Semantische Qualitäten im Design, in formdiskurs, Zeitschrift für Design und Teorie, 3, II, 1997

Vinken, Barbara, Angezogen, Das Geheimnis der Mode, Klett-Cotta, Stuttgart, 2013

Wagner, Christoph, Fast schon Food, Die Geschichte des schnellen Essens, Bastei Lübbe, Campus Verlag, Frankfurt am Main,1995

Walker, John, Designgeschichte, Perspektiven einer wissenschaftlichen Disziplin, Scaneg, München, 1992

Wansink, Brian, Essen ohne Sinn und Verstand, Wie die Lebensmittelindustrie uns manipuliert, Campus, Frankfurt, New York, 2008

Weiss, Hilde, Zurück zu den Fingern, Geschichte der Esskultur, Version vom 4. November 2005, im Internet Archive

Welzer, Harald, Alles könnte anders sein, Eine Gesellschaftsutopie für freie Menschen, S. Fischer Verlag, Frankfurt am Main, 2019

Bildverzeichnis

Ulrike Köb | Seiten | 10, 11, 12, 14, 15, 18, 20, 21, 24, 28, 29, 30, 32, 34, 35, 37, 40, 44, 45, 46, 49, 54, 55, 58, 65, 70, 71, 73, 78, 80, 81, 87, 89, 90, 93, 94, 98, 104, 105, 107, 109, 115, 116, 123, 125, 127, 132, 133, 176, 177, 179, 182, 183, 195, 200, 202, 203, 207, 208, 209

Daisuke Akita | Seiten | 6, 7, 14, 15, 23, 25, 27, 61, 62, 67, 75, 121, 123, 136, 137, 139, 140, 144, 145, 147, 152, 155, 159, 170, 171, 173, 174, 185, 196, 197

Sonja Stummerer | Seiten | 14, 15, 16, 27, 34, 50, 51, 63, 64, 66, 68, 69, 76, 94, 101, 107, 116, 129, 130, 135, 138, 149, 157, 159, 161, 165, 167, 196

Sebastian Alarmovsky | Seiten | 26, 97, 129, 163, 168, 181, 193

Angewandte Innovation Laboratory | Seiten | 17, 195

Museum für Angewandte Kunst | Seite 187

Vienna Design Week | Kollektiv Fischka | Seite 57

Wiener Tafel | Seiten | 110, 111, 142, 143

Marco Zangger | Seiten | 60, 61

Nikolas Pindeus | Seiten 188, 199

wildbild | Seite 112

Design Indaba | Seiten | 8, 9, 118

Projektverzeichnis

Seiten 8 & 9 | Performance, **sustainable FOOD design**, Design Indaba, Kapstadt, 2019

Seiten 10 & 11 | Ausstellungsbeitrag, **Table Manners**, Biennale Gwangju, Südkorea, 2013

Seite 16 | Performance, **food SUSTAINABLE design**, Joint Research Center, Superstudio, Mailand, 2015 | Performance, **new TRASH design**, Angewandte Innovation Laboratory, Wien, 2018 | Performance, **VALUE food DIVERSITY**, Arche Noah, Bioschanze, Wien, 2016 | Ausstellung , **Food Design Humanity**, Lodz Design Festival, Lodz, 2013

Seite 17 | Performance, **eat POLITICS art**, Angewandte Innovation Laboratory, Wien, 2016

Seiten 20 & 21 | Performance, **eat VALUE design**, Victoria and Albert Museum, London, 2016

Seite 26 | Ausstellungsbeitrag, **food RULES tomorrow**, Food Bigger than the Plate, Victoria and Albert Museum, London, 2019

Seite 27 | Ausstellungsbeitrag, **eat design**, Designlab, Museum für Angewandte Kunst, Wien, 2013

Seiten 30 & 31 | Ausstellungsbeitrag, **Table Manners**, Biennale Gwangju, Südkorea, 2013

Seite 32 | Ausstellung, **eat CONSERVATION art**, Hotel Bristol Wien, 2016

Seiten 54 & 55 | Ausstellungsbeitrag, **Table Manners**, Biennale Gwangju, Südkorea, 2013

Seite 57 | Performance, **Food Tools**, Vienna Design Week, Schlosserei Stahl und Form, 2013

Seite 94 | Ausstellung , **Food Design Humanity**, Lodz Design Festival, Lodz, 2013 | Performance, **eat VALUE design**, Victoria and Albert Museum, London, 2016

Seite 97 | Ausstellungsbeitrag, **food RULES tomorrow**, Food Bigger than the Plate, Victoria and Albert Museum, London, 2019

Seiten 104 & 105 | Ausstellungsbeitrag, **Table Manners**, Biennale Gwangju, Südkorea, 2013

Seiten 110 & 111 | Performance, **Share**, Wiener Tafel, Naturhistorisches Museum, Wien, 2019

Seite 112 | Performance, **eat RULES design**, Republic, Salzburg, 2015

Seite 118 | Performance, **sustainable FOOD design**, Design Indaba, Kapstadt, 2019

Seite 129 | Ausstellungsbeitrag, **food RULES tomorrow**, Food Bigger than the Plate, Victoria and Albert Museum, London, 2019

Seiten 132 & 133 | Performance, **eat VALUE design**, Victoria and Albert Museum, London, 2016

Seite 135 | Performance, **rituals FOOD preserve**, Kunstakademie Bad Reichenhall, Bad Reichenhall, 2018 | Performance, **VALUE food DIVERSITY**, Arche Noah, Bioschanze, Wien, 2016

Seiten 142 & 143 | Performance, **Share**, Wiener Tafel, Naturhistorisches Museum, Wien, 2019

Seite 149 | Ausstellung, **Food Design Humanity**, Lodz Design Festival, Lodz, 2013

Seite 163 | Ausstellung, **Sustainable Food Design**, Österreichisches Kulturforum, London, 2022

Seite 168 | Ausstellungsbeitrag, **Market of Externalities**, Museo Leonardo da Vinci della Scienza, Mailand, 2016

Seite 181 | Ausstellungsbeitrag, **food RULES tomorrow**, Food Bigger than the Plate, Victoria and Albert Museum, London, 2019

Seite 182 & 183 | Auftragsarbeit, **Still Life**, für JaNatürlich, Das Bild befindet sich im Besitz von JaNatürlich, Rewe, 2018

Seite 187 | Ausstellungsbeitrag, **eat design**, Designlab, Museum für Angewandte Kunst, Wien, 2013

Seite 193 | Ausstellung, **Sustainable Food Design**, Österreichisches Kulturforum, London, 2022

Seite 195 | Performance, **new TRASH design**, Angewandte Innovation Laboratory, Wien, 2018 | Ausstellung, eat CONSERVATION art, Hotel Bristol Wien, 2016

Seiten 202 & 203 | Designprojekt, **Greta**, Vegetarisches Besteck, Zusammarbeit mit Jarosinski und Vaugoin, Wien, in Besitz der Sammlung des Museums für Angewandte Kunst, Wien, 2020

Wir bedanken uns bei

Ulrike Köb, Daisuke Akita und Sebastian Alarmovsky.
Waltraud Moritz und Eva Buchberger vom Böhlau Verlag.

Elisabet Berggren, Adriaan Eckels, Frank Raes, Maurice Whelan und vielen anderen WissenschaftlerInnen des Joint Research Center der Europischen Kommission für inhaltliche Unterstützung und hilfreiche Hinweise.

Design Indaba in Kapstadt, Alexandra Graupner und Team des Angewandte Innovation Lab in Wien, Catherine Flood und May Rosenthal vom Victoria an Albert Museum in London, der Wiener Tafel und dem Naturhistorischen Museum in Wien, Andreas Gugumuck und dem Zukunftshof in Wien, Toni Faber und der Erzdiözese Wien, Simone Dullies und Hotel Bristol in Wien, Andreas Gfrerer und Arthotel Blaue Gans Salzburg, Florian und die Bioschanze, Paul Vaugoin von Jarusinsky & Vaugoin Silberschmiede, Rainald Franz und Museum für Angewandte Kunst in Wien, Rosemarie Regner, Österreichische Nationalbibliothek, Michael Schmidtkunz und Gut Hohenlehen, Birgit und Heinz Reitbauer aus dem Restaurant Steirereck in Wien, Kaffee Landtmann in Wien, Pension Hollmann in Wien, Gasthaus Wolf, Gasthaus Woracziczky und Weinhaus Steindl in Wien, dem Palais Liechtenstein in Wien, ÖAMTC Wien, Ulrike Vogt und MA48, Interspar Österreich, Ikea Österreich dafür dass sie uns ihre Räumlichkeiten zum Fotografieren zur Verfügung stellten.

AutorInnen

Sonja Stummerer und Martin Hablesreiter studierten an der Wiener Universität für Angewandte Kunst, in Barcelona und in London Architektur und Design. Sonja Stummerer promovierte an der Universität Klagenfurt. Stummerer und Hablesreiter arbeiteten als ProjektarchitektInnen für Arata Isozaki in Tokio in Japan und gründeten 2003 das transdisziplinäre Atelier honey & bunny in Wien. Seitdem setzen sie sich recherchierend, schreibend, illustrierend und künstlerisch mit alltäglichen Objekten und Handlungen wie dem Essen oder dem Putzen auseinander.

Sonja Stummerer und Martin Hablesreiter nahmen als DesignerInnen und KünstlerInnen an zahlreichen internationalen Einzel- und Gruppenausstellungen, unter anderem für das Londoner Victoria and Albert Museum, das Wiener Museum für Angewandte Kunst, den Mailänder Museu della Scienza und das Museum August Kestner in Hannover teil. Als PerformancekünstlerInnen traten sie unter anderem bei Design Indaba in Kapstadt, im Österreichischen Kulturforum in New York, in der Stadsshouwburg in Amsterdam, im Mailänder Superstudio und im Wiener Naturhistorischen Museum auf. Im Rahmen von Arts & Science Projekten arbeiten sie mit wissenschaftlichen Institutionen wie dem Joint Research Center der Europäischen Kommission zusammen.

2005 publizierten Sonja Stummerer und Martin Hablesreiter das Buch „food design – von der Funktion zum Genuss" (Springer Wien / NY), 2010 „food design XL" (Springer Wien / NY), 2013 „eat design" (metroverlag Wien) 2020 „food design Small" (Edition Angewandte, Verlag de Gruyter Wien) und „Putzen - eine Kulturtechnik" (Böhlau Verlag Wien). Stummerer und Hablesreiter hielten zahlreiche Vorträge, hatten Gastprofessuren in Bukarest RU, Istanbul TU und in Chennai IN, gründeten und leiteten den akademischen Lehrgang Food Design an der New Design University in Sankt Pölten und lehren an der Universität Salzburg und an der Johannes Kepler Universität Linz.

Putzen – ein gesellschafts-politischer Akt

Sonja Stummerer | Martin Hablesreiter

Putzen
Eine Kulturtechnik

2021. 131 Seiten mit einer Abb., kartoniert
€ 35,00 D | € 36,00 A
ISBN 978-3-205-21242-3
E-Book € 27,99 D | € 28,80 A

Das Buch »Putzen – eine Kulturtechnik« dringt in die Geheimnisse des Alltäglichen ein, um herausfinden, wie durch das scheinbar nebensächliche Putzen Kultur gelebt und Natur bezwungen wird, wie Hierarchien geschaffen, gesellschaftliche Rangordnungen manifestiert und Traditionen umgesetzt werden. Was wird als sauber erachtet und warum? Wer reinigt für wen und womit? Und wie beeinflusst dies die Gestaltung von Geräten, Möbeln und Städten? Und letztlich: Welche Spuren hinterlässt das Putzen?
Mit jedem Staubwischen, mit jeder Inbetriebnahme des Staubsaugers, mit jedem Kauf eines Putzmittels geschieht auch ein gesellschaftspolitischer Akt. Dieses Buch hinterfragt die kulturelle und politische Dimension des Putzens und die gesellschaftliche Verantwortung von Kultur, in diesem Fall der Reinigungskultur.

böhlau
Vandenhoeck & Ruprecht Verlage
www.vandenhoeck-ruprecht-verlage.com

Preisstand 07.09.2021